21世紀を読み解く政治学

川上和久・丸山直起・平野浩
［編著］

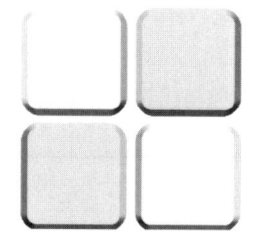

日本経済評論社

まえがき

「21世紀」．あたかも新しい時代の幕開けがそこにあるかのごとく，多くの人達がこの新しい世紀に思いを馳せている．しかし，こういった世紀の区切り方それ自体が，キリスト教的価値観に裏付けられた，「キリスト生誕2000年」の区切りであり，あくまで人類の歴史にとっては一つの通過点に過ぎない．

しかし，さまざまな学問領域で，20世紀の歩みを総括しながら，21世紀への展望を試みる動きが見られ，それ自体が学問のパラダイム転換を象徴しているかのようである．特に，政治学をはじめとする社会科学は，自然科学のように，人間の意志や行動から独立したものを対象として分析していくのではなく，まさに人間の介在する現象を対象として分析をおこなっているわけであるから，節目節目に，M. ウェーバーが強調しているような「価値判断の排除」には留意しながらも，あくまで，生きた社会の客観的な類似性や傾向を抽出し，一定の法則化を試みていかなければならない．20世紀の政治学の動きをふまえながら，21世紀の社会を読み解いていく作業は，政治学に課せられた一つの課題であるとも言える．

伝統的な政治学では，国家学を背景に持って，国家を運営し，統治していく手段としての政治思想や政治理論が一つの大きな潮流をなしていた．それはヨーロッパを中心として，国家の形成過程それ自体と政治学が関わっていたことから生ずる必然であろう．

しかし，複雑化し，多様化した現代社会のなかで，政治学がそういった国家学の枠内だけでさまざまな課題を解決し得なくなってきたのは当然の

ことであろう.行政学や国際政治,政治意識論・政治過程論など,より市民社会の民主的発展という側面を意識した多様な研究が澎湃として沸き起こってきている.だが,逆に,こういった潮流は,それぞれの細かな学問分野での,非常にミクロな分析に拘泥してしまい,学問的分析にありがちな「蛸壺」をあちらこちらに堀り散らかすという結果に陥っているという批判も,一方でなされている.

　従来の一般的な伝統理論をベースにしながらも,最近の新しい政治学の主要な潮流を,蛸壺に陥ることなく敷衍し,21世紀の社会のあるべき方向を読み解いていくような整理ができないものだろうか.本書は,そんな問題意識から出発している.

　1990年4月に,明治学院大学法学部に政治学科が開設された.この新設された政治学科は,現代社会により即した形で政治学を専攻できるよう,政治理論部門だけでなく,地方政治や日本政治に関わる行政部門の研究者や,国際政治の研究者,さらには政治過程の研究者など,応用部門のスタッフを多く集め,現代の「生きた政治」を多角的に分析するために,まさにもってこいのスタッフ構成でスタートした.

　そこで,政治学科開設10周年を記念し,政治学科の全スタッフが総力を挙げて,蛸壺に陥ることなく,自らの専門分野の知識を生かして,「20世紀の政治をひも解きながら,21世紀の政治を読み解く」共通の課題に挑戦したのである.したがって,本書は,単にこれから政治学を学んでいこうとする学生にとどまらず,21世紀の社会の方向についての問題意識を持っている,すべての方々のお役に立つ内容であることを目指して,編集がおこなわれた.

　本書の全体は3部構成に分かれている.第Ⅰ部「21世紀の行政システム」では主に地方・中央の行政システムや社会保障制度など制度の改革について,その方向性を論じている.第Ⅱ部「21世紀の国際政治」では,国際化が進む中での安全保障や国際交流など,望ましい国際政治の在り方

を論じている．第Ⅲ部「21世紀の市民社会」では，市民と権力・社会を結ぶさまざまなシステムを取り上げ，市民の政治的アクターとしてのあり方を論じている．

　本書が，ますます複雑・多様化し，場合によっては混迷を深めるかもしれない21世紀の社会を，そして政治を読み解き，新たなシステムを構築していくための一助になれば，執筆者一同，望外の喜びとするところである．

編者代表　川上和久

目 次

まえがき　iii

第Ⅰ部　21世紀の行政システム

1　90年代日本の政治経済危機と国政改革 ……… 中野　実　3
　　批判と展望
　　●コラム　誰もが候補者に──英国選挙の体験から

2　行政システムの再構築とその課題 ………… 毛　桂榮　32
　　●コラム　行政の新機構

3　福祉国家の変容と福祉社会 ……………… 西村万里子　52
　　●コラム　介護保険法

4　自治と分権 ……………………………… 鍛治智也　75
　　●コラム　外形標準課税

第Ⅱ部　21世紀の国際政治

5　日本の安全保障をめぐる諸問題 …………… 石井　修　99
　　●コラム　日米安保条約をめぐる問題点

6　国際交流・民際交流 ……………………… 丸山直起　123
　　●コラム　フルブライト上院議員と中曽根首相

第III部 21世紀の市民社会

7 政党と市民 ……………………………………… 平野　浩　145
　政策本位の政党再編は可能か
　　●コラム　政党再編の可能性

8 情報メディアと政治 …………………………… 川上和久　165
　　●コラム　情報公開法

9 ポストモダン社会は動員解除？ ……………… 畠山弘文　188
　動員史観の提唱
　　●コラム　ポストモダン社会の人間像

あとがき　209

索　引　211

第Ⅰ部
21世紀の行政システム

明治維新とともに生まれた近代日本の行政システム．第二次世界大戦を経て，戦後日本の高度経済成長を牽引した中央集権の行政システムも，20世紀の終わりを迎え，さまざまな形でその綻びを露呈し始めた．55年体制の崩壊で，政界再編が続く中，21世紀に向けて，行政システムをどのような形で再編成していくべきかが，選挙のたびに繰り返し論じられている．

　行政システムを再編成する中で柱となっているのは，行政改革や地方分権といった，権限の再編成や，社会保障制度の改革などでの，分配の再考である．第Ⅰ部「21世紀の行政システム」では，21世紀に適応する社会を創り上げていくための，こういったシステムの問題点をさまざまな角度から取り上げ，行政システムを，どのように変革していくことによって，市民というアクターがより望ましい形で参画していくシステムを構築することができるかを論じていく．

　中野の「90年代日本の政治経済危機と国政改革」では，中央集権の官主導システムが，特に90年代の金融・経済危機や防災・防衛危機などの，さまざまな危機にあって，必ずしも有効に対処し得なかった点を指摘する．そして，中央－地方関係や，危機管理システムの構築など，緒についたばかりの国政改革を，どのように体系的に進めていったらいいかについて論じている．

　毛の「行政システムの再構築とその課題」は，日本が生まれながらの「行政国家」として，欧米諸国へのキャッチアップを目指した近代化を一直線に進めてきた前提に立ち，過度の規制が随所に残っている点を問題とする．そこにメスを入れるべく何度か試みられた行政改革の試みの中で，官から政へ，官から民へ，さらに中央から地方へという権限移譲の有効な処方箋を展望している．

　西村の「福祉国家の変容と福祉社会」は，日本が21世紀に否応なく直面せざるを得ない超高齢化社会の中で，現在の社会保障制度がシステムとして機能し得ない現状を指摘する．そして，社会保障・社会福祉の構造改革こそが，21世紀の財政構造改革の大きな柱であるという前提のもと，市場化や民営化による効率化をいかに図っていくことができるかを論じている．

　鍛治の「自治と分権」では，これまで「地方分権」という言葉で捉えられてきた中央－地方関係の見直しが，21世紀に向けての行政システム改革の一つの柱であるという前提に立ち，住民投票などの住民参加やNPO，NGOの活性化，さらには地方議会の改革など，地域住民が市民セクターとして，活発に活動することで，地方が文字通りの権限をもって政策を実行していけるようなシステムづくりを展望している．

1
90年代日本の政治経済危機と国政改革
批判と展望

中野　実

はじめに

　日本の90年代に入ってバブル経済が崩壊して以降，経済不況が長期化している．90年代の政府はすでに80年代から唱えられてきた規制緩和と分権化の流れに併行して大規模な行政改革と政治改革に着手し，様々な制度改革によって21世紀に向けた国政改革の骨格はほぼ固まりつつある．ただし，この大規模な改革も，求められるべき日本型成熟社会の創造と，その主体としての市民政治の観点から見てどのような意義や限界があるかを点検する必要があろう．本章はこのような観点から，まず(1)90年代日本政治経済システム危機の所在を明らかにした上で，(2)この危機に対する政府対応の中心となる国政改革の内容および特徴について批判的に検討を加え，その意義と問題点を明らかにする．そして，最後に(3)真の危機が何にあり，日本型成熟社会の設計はどのような方向に向かうべきかについて論じたい．

1　日本型政治経済システムの危機

　1997年7月にタイがバーツの切り下げに踏み切った後，大半のアジア諸国の通貨が切り下げられ，アジア全域に及ぶ通貨・金融危機に陥った．日本もまたこの危機に連動するかたちで金融危機に陥り，金利ゼロに象徴

される戦後最悪の経済不況が続いている．わが国は60年代の高度経済成長，70年代の二次にわたる石油危機を乗り切り，80年代には，世界最大の債務国に転落したアメリカ経済をサポートするまでに至り，「日本の奇跡」(C. Johnson, 1981) が論じられていただけに，90年代の危機は一層深刻である．東アジア諸国に巨額の投資をしている日本の金融危機が東アジア諸国の通貨危機・経済危機に深く連動することは確かであり，日本もまたマハティール首相が強調する為替・株のトレーダーの「操作」の犠牲になっていることもある程度は確かであろう (Mahathir, 1999)．ただし，90年代後半の日本の金融危機・経済不況の原因には「政府の失敗」も「企業の失敗」も含む日本型政治経済システムの構造的問題が厳然と横たわっている．そこで，本節では，(1) なぜ，戦後の日本経済が急速な発展をとげ，「日本の奇跡」とまで呼ばれるようになったかという点に触れつつ，(2) 90年代に入って日本経済が今度は「生き残り」をかけた競争に挑戦せざるを得なくなり，90年代の政治・行政改革へと向かわざるを得なくなった背景的要因を明らかにしたい．

「日本の奇跡」から「日本のサバイバル」へ

　1945年の敗戦の破壊と混乱から比較的短い間に建設と安定的秩序を回復させ，戦後わずか20年足らずで世界屈指の経済力をつけ，70年代にはGNP世界第2位の経済大国となった「日本の奇跡」を理解するキーワードの一つは，行政効率の論理による資源の「動員・集中」である．戦後日本の繁栄を日本人の勤勉，技術的応用力，高い労働集約性に求めることは誤ってはいないが，これらのファクターは他の東アジア諸国民にも潜在的には認められる．重要なことは，日本ではこれらのファクターを「キャッチアップ型」国民経済発展のフレームワーク内で官民が融合し一体となって一つのものに集中させる環境，制度装置，システム，政策が創出されてきた点であろう．戦後日本の採った未来の選択肢は，何よりも「平和と経済的繁栄」であり，これが国民共通の「ナショナルゴール」となることに

はほとんど時間がかからなかった．国家が富と権力を求めることに変わりはないが，戦後日本は政治・軍事面での覇権も，また経済面においてさえ覇権主義的な戦略をもたないままでの「国民経済」の発展を追い求めてきたのである．この発展方向を創出し維持した体制が「55年体制」であり，その指導の担い手は，戦前からの旧保守政治勢力に勝利した当時の新保守勢力を中心とする自民党と，戦後解体されることなく温存された官僚制，そして財閥解体後の自由主義的財界とのいわゆる「鉄の三角形」と称される政・官・財三身一体のエリート協調的なネットワーク型政策中枢である．

この政策中枢による国家指導は①国民意識のナショナルゴールへの動員・集中，もう一つは②中央官庁・官僚による行財政リソースの動員・集中である．①については，新保守政治勢力は，戦後の朝鮮戦争特需による好況の波に乗るかたちで高度経済成長政策を推進し，70年代初頭までの政府経済政策の基本となった．政府は成長政策の実を高めるために，東西冷戦状態に入ってから，当時，旧保守・新保守・革新三つ巴の論争点となっていた再軍備のための憲法9条改正問題を棚上げし，「日米安保による平和」の下での経済成長をほとんど唯一のナショナルゴールとして国民意識の動員・集中をはかることに成功した．言うまでもなく，企業はこの成長政策路線をもろ手を上げて歓迎し，比較優位の作用する当時の世界経済システムの利用と政府の産業政策上の保護を通して，輸出中心の産業復興に邁進し得た．60年代の日本で政府の高度経済政策に批判的な勢力はほとんど皆無であり，国民意識はこの新たなキャッチアップ型のナショナルゴールに向かって動員・集中されていったと言える．

②他方，日本の中央官僚が保守政治勢力の高度経済成長路線に問題なく協調したことには何の不思議もない．世界的には驚くべきことかもしれないが，日本の中央官僚は明治維新以来，基本的には保守政治勢力のイデオロギーと常に協調し，戦前軍部が権力を掌握した時にも，彼らは保守政治勢力の側にありつづけたからである．戦後すぐさま，自民党と中央官僚が一体化し得たゆえんでもある．「日本型システム」と呼ばれるものは，主

に中央官庁・官僚に主導された官民一体の国民経済発展の形態を言うが，では中央官僚によって行財政リソースへの動員・集中はどのようになされてきたか．

(a)まず，中央－地方関係では，戦後の日本国憲法・地方自治法で地方自治制度が確立されたものの，いまだ政策主体，財政主体としての当事者能力に欠ける自治体に代わって，中央官庁主導の補助金と規制の地方行政が行われることになり，加えて，自治体の財政力不足を補うために地方交付税が与えられた．このような中央官庁による資源の集中と再配分政策は，戦後復興のための基盤整備や高度経済成長というキャッチアップ型のナショナルゴールとなって効率性の高い行政展開に寄与するとともに，日本社会全体を急速に均質的な都市型社会へと変貌させることにも貢献した．もっとも，補助金行政は保守政党の支持基盤に馴染んだため，高度成長が達せられた後も地域間格差，産業間格差是正の名目で続けられ，公共事業誘致に象徴される利益誘導政治を定着させ，同時に地方の中央依存，即ち「地方のたかり」と補助金・地方交付税を通しての中央官庁による地方支配という日本の政治・行政の基本構造を定着させてきた（吉田和男，1997，中野，1992，7章参照）．

(b)他方，中央官庁と企業の関係についても，同様のことが当てはまる．通産省の政策と行政に象徴されるように，中央官庁はキャッチアップのための「保護と規制」を施しつつ，世界経済の比較優位原則に従って特定産業を順次集中的に育成し，国際競争力の高い産業を育て上げることに成功した．このような中央官庁の政策・行政が産業側の技術革新の努力とあいまって，自動車，家電に代表される有力企業は世界企業にまで発展した．金融行政では，「護送船団方式」と言われるように，大蔵・日銀を主力艦として金融統制を施し，金融業界・企業はこれに従い，一団となって進んでゆく方式をとった．80年代末から規制緩和がとくに企業側から唱導され，「護送船団方式」が内外から批判されるようになった．だが，産業に対する中央官庁の規制も護送船団方式による金融統制もまた，キャッチア

ップ型のナショナルゴールに向かって産業界のリソースを動員・集中させることに貢献したのである（ただし，日本の経済発展が「国家主導」的とはいっても，政府による保護と規制が極端になされたり，ネポティズムにより自由な企業活動が政治的に制約されがちな「開発独裁的な国家主導型」の発展とは区別する必要があることは言うまでもない）．以上要するに，国家・社会両面でのリソースを国家が中央官庁行政を介して動員，あるいは潜在的リソースに「呼び水」を与えて誘発し，自治体も民間企業もこれに応じるという国家・社会ネットワーク型のシステムは，少なくとも限られたリソースにより，キャッチアップ型の発展をはかるシステムとしては大いに寄与してきたと言うことができる．

　しかしながら，経済のグローバル化，とりわけグローバル化を極端なまでに押し進めてきた情報社会化の進展のインパクトは，金融・通商・商取引の在り方から経営・組織の在り方までを一変させた．この趨勢は資本主義の構造それ自体を変化させつつ，新しい世界政治経済システムの形成を導くほどに巨大なものとなっている．この世界史的な構造変化は一国の国民経済にとって伝統的に利点となっていたシステムがむしろ不利に転じたり，場合によっては障害にさえなり得る．90年代に「日本型システム」の限界として日本につきつけられた問題・課題は，実はすでに70年代から急速に進展してきた経済のグローバル化と情報革命（IT革命）に適合的なシステム転換に，日本が完全に乗り遅れたという側面をあらためて想起する必要があろう．90年代のアメリカが財政・貿易両面での大幅な赤字をかかえたまま，空前の好景気を迎え，「アメリカン・システム」を「グローバル・スタンダード」として世界に誇示できるゆえんは，とくに情報化社会の世界化に対応するシステム転換をすでに70年代から着々と進めてきたからに他ならない．かくして，日本は「奇跡」の「回復」ではなく「生き残り」をかけた挑戦を余儀なくさせられるに至ったのである．

「政府の失敗」「企業の失敗」

　バブル経済崩壊後の不況の長期化については様々な原因を挙げられようが，政府の政策対応の失敗が大きな原因となっていることは誰しも否定し得ないだろう．たとえば90年代初頭の宮沢内閣では景気，金融問題のいずれにもオプティミズムが支配し，構造改革が迫られていることに気づいていなかった．それゆえ，不況についても，需要不足を補填するケインズ政策で乗り切れると判断し構造改革に着手しなかった．このため金融機関の不良債権が急増していったのである．細川政権にいたっては，金融緩和，財政支出拡大，減税などのマクロ経済政策を展開した成果として「平成不況」は1994年9月に終わったと言い切るほどの甘さであった．90年代初頭から不動産，建設業を中心とした企業部門が膨大な不良資産をかかえ，これらに融資してきた金融機関の不良債権が雪だるま式に増えていて，金融のシステミック・リスクが高まっていたにもかかわらず，ゆるやかな景気回復と円高基調のムードに流され，政府は有効な危機対応の政策を打たなかった．1ドル90円という空前の円高を記録した95年半ばを境に急速な円安と株価急落を迎えるまで，日本政府は実にナイーブな認識しかもっていなかったといえる．

　不動産，建設業の不良資産が金融機関の不良債権に直結していることに象徴されるように，企業と金融関係を結び付けている日本の特異な媒体は土地中心の信用保証，即ち土地担保主義である．とくに80年代にはおよそファンダメンタルズとはかけ離れたバブル経済を拡大し，国民の間に資産格差を拡げていった主たる要因が，この土地本位制にあることはつとに指摘されてきたことである．本来，国際性，普遍性が強く作用する市場に不適合な日本の特異なシステムとしては，土地本位制の他に株式の持合い制がある．このシステムでは経営者が大きなミスを犯しても許される「もたれあいの談合体質」を生んできたと言われる．要するに，「日本型システム」と呼ばれるものが「もたれ合い・談合体質」を生みやすく，同時に，今日では国際的普遍性を欠くシステムにもなりやすいということである．

さらに，年功序列型賃金体系，終身雇用制，企業別組合から成る「日本型経営」は「企業一家主義」を定着させ，時として労使一体の組織的凝集性と集中力を発揮するものの，同時に「労使のもたれあい」を生み，事実，今日では生産性の国別比較で輸出産業を除き日本の企業は下位に位置するようになっている．しかしながら，日本で永く定着してきた年功序列や終身雇用制が，他面で日本型セイフティネットの機能を果たしてきたことを考えれば（金子勝，1999を見よ），今日進行しつつあるこのシステムの安易な解体は日本型政治経済システムの新たな危機を生み出す可能性がある．

世界経済の構造変化

　以上のような日本の官民共通の「失敗」をマクロな視点から顧れば，それは情報化社会の世界化に対応するシステム改革の遅れに始まり，さらに「マネーの敗北」と称される1985年の「プラザ合意」後の金融政策での失策が「失敗」を拡大してきたと言える．とくに80年末の冷戦終結後から急速に構造化されてきたシステムの変化に対して，日本は認識の点でもシステムの対応能力の点でも著しく適性を欠いてきたことがわかる．

　ポスト冷戦時代の世界経済の構造変化とは何か．第一の変化についていえば，それまでの各国の経済的相互依存関係は「モノ」を中心とした貿易と比較優位が安定的に作用する変化のゆるやかな時代であり，GATTのルールは正しくこの構造に適合していた．だが，90年代に入って世界経済がグローバル化を一層進め，企業活動のボーダレス化が進む中で，モノだけでなく，金融，保険，通信，さらには資本取り引きさえ企業の国際業務となり，ついには，R・ギルピンが指摘するように，世界市場経済では為替・株など金融の取り引きがモノの貿易をリードするに至ったということである（R. Gilpin, 1987, pp. i-x）．かくして，GATTのルールさえこの構造変化の中で対応能力を失い，現在WTOを通して世界貿易の新たなルールが模索されつつある．基軸通貨をもち市場を提供している国，即ちアメリカのシステムとルールである「グローバル・スタンダード」に日本

が適応せざるを得ないゆえんはここにある．ただし，96年橋本内閣時にようやくなされた金融ビックバンはあまりにも遅きに失したと言わねばならない．

世界経済の構造変化の第二は，冷戦終結後，多くの社会主義諸国が崩壊し，これらの諸国の参入によって市場経済圏が急速に拡大したことである．事実，90年の市場経済圏人口は約16億人であったのが，97年では44億人に膨れ上がった．世界市場はメガ・コンピティションの時代に入ったのである．

第三は，このように相互依存関係が一層進展・複雑化しつつ，同時に世界経済が総じて景気後退する中で，国際貿易体制の動揺をくい止める中間媒体としてリージョナリズムが台頭してきたことである．それは「規模の経済」原則に従って地域経済を活性化させる政策的意図から生まれた．それゆえ，本来自己防衛の側面をもつリージョナリズムが第二次大戦前のような排他的な経済ブロックとなって，グローバルな世界的自由貿易体制が再び分割されてゆく可能性をもつ．たとえば，EUが「ヨーロッパの要塞化」の方向に向う可能性は否定できない．日本がその設立に大きく寄与したAPECは，そのような「内向き」の方向を阻止し，開放的な国際経済体制を強化するための地域的政策，即ち「開かれた地域主義」（'open regionalism'）を理念とするゆえんである（船橋洋一，1995を見よ）．いずれにせよ，問題はこうした動向に日本は必ずしも敏感に対応していないという点である．97年のタイ・バーツの切り下げに始まる「成長のアジア」全域に及ぶ金融危機・経済破綻は，アジア諸国自体の構造的問題に起因すると同時に，マハティール首相の主張する国際トレーダーの為替・株価「操作」の犠牲という側面はある．ただし，他面では95年に円安基調に移ったあとアジア諸国が次々に金融不安・経済不振に陥り，97年以降の日本経済の大不況とともに一層アジア諸国の金融危機・経済破綻を引き起こしていることは，日本経済が客観的にアジアにおける「システム攪乱」を引き起こす立場にあることを示している．逆に言えば，アジアにおける為

替媒介通貨としての日本円の成長あるいは円建貿易の決裁の普及による「円圏」の形成といった前提条件を必要とするが，日本がアジアに軸足を置きアジア通貨基金（AMF）の創設を積極的に追求すべき時にきているとも言えるのである．日本と東アジアの数カ国をあわせた外貨準備高はIMFのそれを大きく上回るにもかかわらず，アジア諸国の多くが通貨危機とIMF支援を甘受せざるを得なかったことがあらためて想起されてよい（奥田宏司，1998を見よ）．貯蓄率がきわめて低い赤字大国のアメリカで，「永遠の繁栄」を約束する'new economy'を現クリントン政権が唱導できるのは，何よりも国際基軸通貨国の特権を最大限に利用できることにあり，自国の金融に不利な行動を抑止できるのは，世界最大の軍事力を背景としたポスト冷戦時代の唯一の超大国の有する国際的信用と交渉力にある（涂照彦，1998を見よ）．この点で日本が今後アジア諸国の発展をリードするには相当な困難があるが，少なくとも日本はグローバリゼーションを単にアメリカの「スタンダード」に追随することに向けるのではなく，アジアに軸足を置いた独自の通貨・金融政策とアジア経済に責任を果たす意思と国際的な信用・交渉力を高めるべきである．この意味でも，日本円の国際化とアジア通貨基金の創設がもっと追求されてよいだろう．ただし，日本がこれまでの'flying geese model'とは異なってアジア経済をリードするには，経済を越えてアジア諸国に通用する思想・理念と政策を打ち出すことが条件となろう．

2　90年代国政改革の意義と問題

　以上見たように，日本の政治経済が21世紀に向けて「サバイバル」をかけた競争場裡に置かれているとすれば，そのための諸改革は単なる政策転換に止まらず，政治・行政制度，社会制度を含めた革命的な改革を必要とする．しかも，日本経済の規模と世界経済への影響力を考えれば，それらの改革は，資本主義経済の在り方それ自体の問い直しを含めて世界に発

信し，評価を受けるべき段階にきている．すでに 80 年代後半から唱えられてきた規制緩和・地方分権化の流れ，さらには 90 年代の橋本・小渕両内閣による大規模な政治・行政改革という制度改革を中心とする一連の国政改革は，単に国内的要因だけでなく，冷戦終結後にとくに進展してきたグローバル化に対応しようとするわが国政治・行政制度のパラダイム・シフトを表徴する歴史的意義をそれなりに有してはいる．それだけに，小渕政権が進めてきた日米防衛力指針に沿った周辺事態関連法，通信傍受法，国旗・国歌法，憲法調査会設置法等々，戦後の歴代政権が先送りしてきた，いわば「最終的な戦後処理」のための諸立法の評価を含めて，これら一連の国政改革が 21 世紀の日本政治経済にとってどのような意義と問題をもつかが問われねばならないだろう．

90 年代国政改革への国内的トレンド

1 節でみたような世界政治経済の構造的変化が，90 年代国政改革の背景的要因になっていることは確かであるが，この国政改革が大規模な改革へと進展するには，国内での政治的契機を見る必要がある．バブル崩壊後も，しばらくは日本政府，とくに大蔵省・日銀の金融危機の自覚は希薄であった．もっとも，規制緩和・特殊法人統廃合，行政手続法の制定など日本の官僚主導の制度・システムを改革しようとする流れは，すでに 80 年代末の自民党海部政権下での第三次臨時行政改革推進審議会の答申にも見られた．だが，大蔵省改革や金融システム改革を突破口とし，再分権化や内閣機能の強化，さらには国会改革に至る橋本・小渕両内閣の包括的で大規模な国政改革の必然性を説明するには不十分である．なるほど内閣制度改革によるトップレベルの政治的リーダーシップ強化策は，95 年 1 月の阪神・淡路大震災時の政府対応能力の低さに対する社会的批判を，主な改革の正当性の根拠としている．しかし，これも大蔵改革構想がそうであるように，震災時に急浮上した改革点ではなく，すでに震災以前から世論レベルでその根拠が蓄積されていたし，93 年 7 月から 94 年 6 月までの約 1 年間の自

民党野党時代に党内でも議論の俎上にのぼっていた．しかし，いかに客観的な促要因が蓄積されてはいても，政府による大規模改革はその時々の政官関係，与党内政治，与野党間関係，政局といった政治的条件と，政府のリーダーが強力な意思をもってその条件を巧みに改革へとつなげる主観的な政治的契機が整わないかぎり，大規模な国政改革には向かわない．

この政治的な条件と政府リーダーの動機とが結合した政治的契機は，次のように要約することができよう．①第一の契機は，92年自民党総裁選と93年6月の内閣不信任決議による宮沢政権崩壊前後に見られる与党自民党内政治の変化，即ち旧保守エリート世代から新保守エリート世代への世代交代の加速であり，これにより小沢・橋本ら新保守エリートによるラディカルな国政改革推進の人的条件が生まれた．②第二は，宮沢内閣崩壊後の非自民の細川・羽田両連立政権の不安定性，自民党の許容範囲内での選挙制度改革，「国民福祉税」の名目による消費税増税法案提出等の失策，さらには，社会・さきがけ両党の連立政権離脱による自民の政権復帰が急速に高まったことである．③第三は，事実，政権与党に復帰した自民党が社会・さきがけ両党とで連立政権を組み，自民が連合政治のノウハウを学習したことと，社会党の村山富市を首相にすえた連立内閣が「地方分権化推進法」を制定し，本格的な行政改革の端緒をつくったことである．④第四の契機は野党時代の自民党の対官庁・官僚関係の大きな変化である．55年体制成立以降の自民・官僚関係を図式的に言えば，(a)官僚優位→(b)共存・一体関係→(c)相互牽制関係→(d)対抗関係へとシフトしてきた．(c)は官僚作成の法案・予算案に対する与党の「事前審査」の慣例化を武器に自民党政調会の機能の増大・族議員の抬頭を背景とした自民による官庁・官僚のコントロールがかなりの程度に可能となった状態である．ただし，(c)は依然として55年体制下の利益政治の枠内にあり，自民は官僚依存体質から抜け出ていない．この(c)の関係を脱し，自民が官庁・官僚に(d)対抗的な姿勢をとりつつ自立をはかり，できれば政党優位の関係へと権力関係の転換を自覚的に指向するようになるのは，細川・羽田両政権期，

即ち自民の野党時代の経験を契機としている.

政官関係から見れば,非自民の細川・羽田政権という,いわば「素人政権」は官庁・官僚にとり,自民から直接の圧力やコントロールを受けずに,官僚優位の政策形成システムを回復させる絶好のチャンスであった.「国民福祉税法案提出事件」はその端的なあらわれであった.この事件を機に自民の大蔵批判は一挙に強まり,他の官庁・官僚にも不信を露にするようになる.後に,これまで長い間見送られてきた国の情報公開法が小渕内閣によって一挙に制定される背景には,それまで与党の特権として受けてきた官僚からの情報供与が野党時代になくなり,「官僚の情報独占」を身をもって体験したことが大きく作用したといわれる.また,98年の臨時国会時に,当時の緊急課題であった金融問題で,自民党議員は経済人から入手した情報を頼りに,大蔵省と一線を画して民主党議員と協力し合い金融再生法案を作成したと言われる.このように,野党時代の体験を通しての自民の官庁・官僚への対抗と自立化の姿勢は,政権復帰した村山内閣期から一層強まり,とくに新保守政治エリートの側で大蔵省解体論と根底的な省庁改革論が次第に現実味を帯びていった.そして最も重要な契機は,以上のような契機を利用して,一挙に大規模行政改革へ直結させた自民党橋本首相の強い意思とリーダーシップである.野党時代の橋本は「冷や飯食い」をただ苦々しく傍観していたわけではなく,党政調会長として勤勉かつ精力的に活動している.たとえば,橋本は各部会に対し,野党ながら規制緩和と不況対策の検討を義務づけたり,たとえ法案化されなくても議員立法を試みるよう命じている.これらの行動には,自民単独政権下での官僚依存型の政策形成の在り方を根本的に見直し,自民党議員に自力の政策立案能力を体得させようとする意図と,その後首相となった橋本の行革への熱意がみごとに暗示されている(以上,詳しくは中野,1996を見よ).そして,小渕・小沢や山崎・加藤・小泉のいわゆる「YKK」ら橋本と同世代の新しいリーダーは,互いに異なった立場に身を置きつつ,中央官庁・官僚依存を終わらせ,保守政党政治家主導の政策形成システムを制度化し

ようとする強い意思を共有し，かつ，対野党，対官僚関係についても，55年体制下では考えられなかったような手法も共有するようになった．橋本・小渕両政権を通じて大規模国政改革は以上のような諸契機をもってはじめて可能となったのである．

橋本・小渕行政改革の特徴

　橋本内閣は戦後の多くの内閣が行政改革を唱えながらその実をあげられなかった反省に立って，本格的な行政改革に着手する．橋本行革の何よりもの特徴は，行政改革と財政改革を切り離し，行政の制度，機構，権限から政官関係の在り方を含む行政システム改革それ自体に集中させることにある．なぜなら，それまでの行政改革の多くは実際には財政改革が中心で，行政制度・機構そのものを抜本的に改革することはなかったからである．確かに橋本行革は，「この国のかたち」の再構築を謳い，これまで先送りされてきた行政制度，機構上の諸問題の大半に着手しつつ，新しい制度の創設にもフロントを拡げている．この意味で橋本行革は戦後の行政改革としては最も規模の大きい改革であり，この改革がもたらす効果として，明治維新以来の政治・行政の制度・機構・政官関係の転換，中央－地方関係の変更が展望されている．橋本首相自身がこの行政改革を近代日本における第一革命としての明治維新，第二革命としての戦後改革につぐ，「第三の革命」として位置づけたゆえんである．事実，橋本を継いだ小渕政権は，橋本自身が陣頭指揮をとった行政改革会議がまとめた「中央省庁等改革基本法」を受け継ぎ，これに沿って行革を実施に移すための法改正，新しい法律の制定を含む「中央省庁改革関連法」を成立させた．そればかりか，これに連動するかたちで国会改革（国会活性化法）を中心とする政治改革にも着手し，90年代後半の国政改革は戦後最大規模の「革命的」とも形容できる大改革の様相を呈している．このように，橋本・小渕両政権による行政改革は，橋本がその基本的原則を確定し，小渕が実施のための法整備を行ったという意味で「橋本・小渕行革」として一体的に捉えることが

できよう．さらに，制度改革，政策遂行両面にわたる今回の国政改革は，このメイン・プロセスにバイ・プロセスを加えた両面交通的なプロセスとして捉えることができる．後者は，これらの包括的国政改革を通して，自民党新保守エリートが諸野党を政策部分連合や連立政権によって包絡し，全体として「新保守大連合」の方向に政界再編を果たそうとするプロセスである．

「橋本・小渕行革」は包括的であることに一つの特徴をもち，①中央行政のスリム化・効率化，②首相・官邸・内閣，即ちトップレベルの政治的リーダーシップ強化，および③政策評価制の導入の三つを柱としている（今回行革の概要については，増島俊之，1999 を見よ）．ただし，その最大の眼目は②の政治的リーダーシップ拡充・強化を制度的に保障することにある．このことを政策決定システムの観点から見れば，従来の官僚主導のボトムアップ型政策決定を政治主導のトップダウン型政策決定システムへと転換することにある（中野実・廉載鎬，1998）．さらに，90 年代になって加速してきた規制緩和，地方分権化政策，小渕内閣による国会改革の推進，情報公開法，公務員倫理法制定等々と今日の行政改革を関連させるならば，この改革の流れは，単に政策決定様式の改革にとどまらず，官僚制を中心に集権化された明治維新以来の国家構造と官僚主導の権力構造を，分権的で政治主導の構造へと転換する「上からの政治革命」の性格を強く帯びた一大国政改革と見ることができよう．

90 年代国政改革の問題性

「上からの政治革命」の性格をもつ橋本・小渕両政権による国政改革は，以上に見たように，それなりの歴史的な必要性と意義を有し，グローバル化に対応するわが国のパラダイム・シフトを表徴している．また，その包括性と規模からすれば，橋本の言う「第三の革命」は必ずしも誇張されたスローガンとは言えない．しかしながら，行政改革，国会改革の内容をつぶさに観察すれば，改革の必然性や方向性の点で，いくつかの重大な疑義

が認められる．にもかかわらず，この改革が比較的スムーズに遂行されていることの背景には，先に指摘した今回の国政改革のもうひとつのバイ・プロセス，即ち，橋本や小渕に代表される自民党内の新保守エリートが今回の国政改革と「政党政治の閉塞状況」を巧みに利用しつつ，「大保守連合」を形成して新保守エリート主導の政党政治を定着させようとするプロセスを伴っているからである．そして，国政改革のメイン・プロセスとバイ・プロセスとが連動し合って，改革の必然性への疑義と改革の限界とを生み出していると言うことができるのである．その疑義と限界に関連して，制度・システム改革の側面，政策パフォーマンスの両側面で，少なくとも次のような問題を提起することができる．

まず，制度・システム改革の側面で言えば，①現行制度の下でも，橋本・小渕両政権がかくも大規模な改革を遂行し得ていることを考えれば，首相権限の強化，総理官邸機能の拡充には過剰な権力集中が見られる．②大蔵省改革を含め，省庁再編は不徹底であり，公務員定数削減の根拠は乏しいばかりか，「総務省」，「国土交通省」など巨大省の出現は，これまで以上に中央省庁の権限を拡大し，地方自治体や民間セクターへの規制・統制を強める可能性がある．このことは，政府の掲げる「効率と簡素化」の大義にもとり，規制緩和，地方分権化の方向に逆行するのではないか．③この関連で独立行政法人制（エージェンシー制）の導入は，これにより国立の大学や病院の職員が公務員ではなくなるので，公務員定数削減には寄与するものの，国営であることに変わりはなく，財政の縮減には寄与せず，不徹底である．④大蔵省改革でも金融・財政分離問題では，結局2001年に発足する財務省にも金融政策への介入のチャンスを与えたように，二つの保守政権による改革には真の「革命」にならないための歯止めや抑止のメカニズムが最初からビルトインされているのではないか．⑤評価制とは，各省庁に評価部門を設置し，総務省が省庁を越えた評価権を与えるもので，わが国行政の歴史では初めての試みである．ただし，内部的な行政評価がどれほど有効であるかは疑わしく，第三者的な行政・政策評価制度が設け

られるべきであろう（政策評価については，上山信一，1999がある）．⑥小渕政権の政治改革も，政治主導の意思決定様式を国会過程でも実現するという範囲内での国会改革にとどまっているのはなぜか．この範囲内での政治改革には大半の野党は合意するものの，参院改革を含めた国会制度改革，政党・政治家本位でなく国民本位の選挙区制改正，政治資金制度改革，腐敗防止法制定，永住外国人選挙権の確立等々，被選挙権を行使する機会の最大化とそれによる政治エリートの質的転換や政党近代化のための政治改革には自民党をはじめ大半の政党が消極的であるのはなぜか（50%を越える「支持政党なし層」，50%以下の投票率などに示される近年の有権者の政治不信や政治的疎外感の増大の原因は，選挙費用や政党の排他的な候補者選択に阻まれて，被選挙権を行使する機会がますます極小化していることにある．この意味で「21世紀日本の構想」懇（小渕首相の私的諮問機関）が2000年1月に提言した「選挙権の18歳切り下げ」案は，選挙権の歴史も日本の実態にも目を向けていないあまりにもナイーヴな提言である．ちなみに，欧米諸国の「18歳」採用のそもそもの起こりは，徴兵制による18歳からの兵役の「義務」に合わせるかたちで選挙参加の「権利」を認めざるを得なかったことによる）．この問いへの解答は，既存の主要野党が基本的に自民党と「同じ穴のムジナ」であり，自民党との部分連合，連立政権の潜在的候補者となっていることの理由を説明するだろう（以上，詳しくは中野実，1999(b)を見よ）．

　このように，「生き残り」をかけた政府の対応としての90年代の大規模な国政改革にさえ，多くの問題点が横たわっている．そして，これまで論じてきたことから浮かび上がってくるのは，今日の日本の危機についての認識において，不足や重大なズレがあるのではないかという点である．次節では，結論的に日本が直面している本当の危機の所在をもう一度整理した上で，国政改革が経済・社会変革を伴う真の「第三の革命」となり得る条件を展望したい．

3 危機の実相と克服の条件

橋本・小渕両政権による国政改革とこれに準じた政策パフォーマンスは,三つの国民的危機,即ち官僚主導システムの危機,金融・経済危機,防災・防衛危機に対する政府対応という側面をもち,事実,政府はこの三つの危機を改革と政策転換の必然性と正当性の根拠としてきた.確かに,これらの危機は,とくに90年代に顕著となった日本の国民的危機ではある.しかし,三つの危機に関し,それぞれどのような点に最も重大な危機が所在しているかについての認識には,不足やズレが少なからずあるように思われる.そこでほんとうの危機の所在と危機克服の条件を,(1)政策主体,(2)政策パフォーマンス,(3)将来構想の三つの側面に分けて明らかにしておきたい.

政策主体

これまで国の主要政策の形成・決定に関与する主要なアクターは政党・政治家,中央官庁・官僚,財界・業界を中心とする主要な利益集団であってきたが,今後もこれらのアクターが揺るぎなく主な政策主体として存続するかどうかは必ずしも定かではない.後に見るように,現在進行中の分権化政策によって創出される新しい型の自治体やNGO,NPOに代表される非政府的な市民組織の急速な台頭が現在の政・官・財を中心とする政策形成・決定様式を変えてゆく可能性があるからである.今回の国政改革は既存の伝統的組織の政策主体を前提とした改革であることは,予め確認しておく必要があろう.ともあれ,戦後日本の政治経済は長く政・官・財の「鉄の三角形」によってリードされてきたが,同時にこの政・官・財のコーポリットな頂上集団が戦後の一連の疑獄事件や腐敗事件を起こしてきたことも事実である.橋本・小渕両政権による今日の国政改革が三者間のネガティヴな関係を相互牽制的な関係に移行させるのにある程度寄与する

かもしれない．ただし，官僚主導システムの真の危機は，今日の行革の正当性の根拠として指摘される省庁の数や国家公務員定数の多さ，縦割行政，あるいはボトムアップ型意思決定様式にあるだろうか．真の危機としてあえて言えることは，むしろ中央省庁・官僚に過剰な権限と裁量権を与えている制度を政党・政治家が長く容認し，これに自らも依存してきたことである．つまり，福井が指摘するように，長期任用の官僚が「市場の失敗」のないところで規制すれば，一部の既得権益を獲得し，官僚の行政権限の行使の対価として，業界・政党・政治家・自治体との間に天下りや官官接待を含むレントシーキングを発生しやすくしている．また，官庁・官僚に大幅な裁量をもたせている許認可・補助金交付制は官僚の恣意的な判断とパーソナルな関係が入りやすい．このような恣意性を排除する基準をつくるには，行政組織法よりも行政作用法の改正によって裁量を統制する必要がある．でなければ，今日の行革による総務省や国土交通省の裁量権は以前にも増して大きくなり，自治体・民間に大きな影響を及ぼすことになろう（福井秀夫，1997）．

このことに関連して，もう一つの行革の論点は，官庁・官僚を執行機関として自立化させることであろう．これまで中央官庁・官僚と地方自治体・民間とが「保護と依存」というパターナルな関係を維持し得てきた背景には，官庁・官僚が政策形成と同時に，自治体・民間に向かって執行するという政策形成－執行の連続が，中央と地方，官と民の境界線をあいまいなものにしてきたという事実がある．このことは，地方，民間の自立化を妨げるだけでなく，官庁の執行機関としての自立化の妨げともなってきた．C・ジョンソンはこれを国家・社会を貫くネットワークとして肯定的に評価しているが（C. Johnson, 1981），先にも指摘したとおり，官民融合型行政はキャッチアップ型発展に適合的であったものの，今日ではむしろ自治体や民間企業の自立化と自由な活動を阻止する要因となっている．規制緩和の論点は，飯尾の言うように官庁・官僚による政策形成－執行の連続によって事前に規制する「包括的行政」から，形成と執行を分離させ，

事後的規制をかける「ルール型行政」へと転換させることである（飯尾潤, 1997）。いまひとつは, 日本法の解釈論を中心とした法律学の知識に偏重した官僚のリクルートメント方式と「官僚法学」優位の立法過程というきわめてドメステックなシステムでは, グローバリゼーション, 情報革命による世界政治経済の構造変化に対応する能力を欠くという点にこそ, 日本官僚制の真の危機が存在している。明治維新以来の「法律万能主義」という非国際性こそ真の危機であり, これを克服するための教育・受験・任用制度の改革が急務と言えよう。

しかし, 政策主体のなかで最も危機的な状況にあるアクターは政党・政治家である。今回の国政改革でも殆ど手が付けられず, また自己改革の点でも最も遅れているのが日本の政党・政治家である。すでに前節でも指摘したとおり, 世紀末日本の政党システムは「反対党なき第二次保守合同」ないしは「新保守政治大連合」の状況を呈し, 多くの野党は「55年体制」下で事実上はすでに進んでいた「談合政党」に成り下がりつつある。反対党もなく政権交代も望めぬ政党政治は民主主義の「ゲームの規則」にもとるばかりか, 「政党の終焉」へと向かう症候群が存在しているようにさえ思える。政治家個人への企業・団体献金を許し, 政党活動への国庫補助を受けている大半の政党の党財政, 戸別訪問禁止を含めてきわめて規制的な現行の公職選挙法等々の制度的条件が改正されないかぎり, 日本の政党政治は現在のような閉塞状況を脱け出すことはないだろう。巨大政権党の自民党と「同じ穴のムジナ」である多くの野党にとって, この状況は, いわば「蟻地獄」であり続けるだろう。日本の政党政治の再生は政党財政を柱とする政党の近代化と国際化にあり, 戸別訪問を中心とする安価な討論型キャンペーン, そして腐敗防止法制定以外にない（中野実, 1982, 1985を見よ）。現在, 政党・政治家が民主政治の健全で正当な在り方として「官僚制国家」への批判を逞しくしながら, ヨーロッパ的な「政党国家」形成への道筋と改革プログラムをいっこうに示し得ない病理こそ強く認識される必要があろう。

政策パフォーマンス

　日本ではすでに70年代に見られるようになった傾向であるが，とくに冷戦終結後,「イデオロギーの終焉」が過剰に喧伝された結果，本来明確なイデオロギーに立つべき政党が，冷戦終焉後にむしろ一層重要となってきた政治経済イデオロギーの対立，即ち自由民主主義か社会民主主義かの選択をはっきりと国民に提示できなくなっている．この結果，日本の社会・労働政策は保守的な政権によって遂行されてゆくことになる．事実，小渕政権は政党間の議論，国会での議論が熟さないまま，年金制度改革，介護保険法を柱とする新しい健康・医療制度の導入を次々と実現しつつある．急速に少子高齢化社会を迎えた日本の国民は，狭められた選択肢を甘受しなければならなくなっている（宮本太郎, 1999, 終章を見よ）．一方，経済政策でも，もっぱらバラマキ型の公共事業を中心とする伝統的な公共投資による景気対策本位の政策が展開されている．金融機関への公的資金導入とあいまって，膨大な財政赤字はこれから先，長期にわたって日本国民の背に大きくのしかかってゆくことになる．政策パフォーマンスの危機は，本来，直接に連動する社会・労働政策と経済政策とが羅列的に遂行され，明確な将来展望に立ち経済・財政，社会・労働政策全体を視野におさめたマクロな構造改革の構想と政策のアクション・プログラムが提示されない点にある．なぜなら，世論調査の多くは，大半の国民が年金・雇用・医療・介護の点で将来不安を感じていることを示しているからである．景気対策とは別個に公共投資の社会投資への転換，セイフティネットの構築といった政策こそトータルな構造改革に直結する政策転換となろう（金子勝, 1999を見よ）．

　次に，通商・外交・防衛についてはどうか．これまでも内外で指摘されてきたように，日本の対外的な危機は，日本経済の規模とその国際的影響力に比して，独自の通商・外交政策が貧困であるという点に存している．とりわけ外交・防衛政策は日米安保条約の軍事的側面に矮小化され，対米依存から自立した独自の外交を展開できないでいる．平和憲法の精神は，

日本に自立した外交を要請しているのであり，超軍事大国であるアメリカの戦略に追随することではけっしてない．仮に国連の常任理事国となっても，このままではその存在意義はきわめて小さいものに留まるだろう．3節でも述べたとおり，今後，日本はグローバル化の時代にこそアジア地域に軸足を置いたリージョナルな通商・外交・防衛政策を展開する必要があろう．円の国際化や円を基軸通貨とする「アジア通貨基金」創設も，アジア・リージョナリズムに立った通商・外交・防衛政策と連動してこそ現実的なものとなろう．

4 展望――日本型成熟社会への設計

「官」から「政」へ

　これまで見てきたことから明らかなように，国内外のイムパクトによって推進されてきた制度改革を中心とする国政改革とこれに沿った政策パフォーマンスは，総じて明治維新以来の中央官庁・官僚中心の権力構造と政策決定構造を政党政治家中心の分権型へと転換する方向をもち，それなりに成果をあげつつある．行政改革関連の法律の多くは2001年から施行されるので，制度改革の実効性は2001年以降の実施過程を見なければ評価できないが，少なくとも制度面での「官」から「政」への流れは明瞭になってきたと言えよう．ただし，問題は，①肝心の「政」の担い手が政党・政治家，とりわけ新保守政治エリートにますます限定されつつある点である．②第二に，市民の政党支持の構造や投票行動に関する最近の統計データを見るかぎり，市民の政党・政治家への期待や信頼はきわめて低く，有権者市民とのアイデンティティは希薄であるという点である．繰り返し述べるように，このことは現行の選挙，政治資金関連の制度が市民に対しきわめて排他的で，一般に広く人材をリクルートできるシステムになっていないことも大きな原因の一つとなっている．③ただし，市民が政党・政治家への期待や信頼を弱めている事態は，必ずしも「批判的で思慮深い市

民」(S. Walin, 1989, pp. 189-202) が政治それ自体への関心・期待を無くしつつあることを表しておらず，NGO・NPO等のヴォランティア活動の高まりに示されているように，政策やイシューによってはむしろ市民は積極化している．以上の諸点が示唆していることは，90年代行政改革，政治改革が大規模で現行の選挙・政治資金制度下での政党・政治家にとっては有利な改革ではあっても，こうした既存の政党・政治家以外の政治の担い手をパートナーとして組み入れる視点を欠落させているということである．「官治・集権型」から「自治・分権型」への政治・行政への転換は，もはや政党政治による代議制民主政治だけに依存するのではなく，日本の政党・政治家よりも広い視野に立った市民活動や，いっそう現場に根をおろした緻密な市民活動を展開しつつある市民の政治的資質・エネルギーと相互に依存・協調し得る多元主義的な政治・行政システムへの転換こそ求められるであろう．この意味で，今日の日本政治・行政における「官」から「政」への潮流は市民政治という新たな民主政治の原理に基づいた改革，言い換えれば〈デモクラティック・ガバナンス〉の確立へと，さらに一歩前進せねばならない．たとえば，市民の国政への参加は単に国政選挙での間接参加だけでなく，被選挙権の行使機会の最大化と政党の開かれたリクルート・システムによる国会議員としての国政参加，国家公務員のキャリア制・長期雇用制の廃止と新しい雇用制による国政参加，政策決定システムへの民間登用による政策立案への直接参加，市民の第三者機関による国行政の監視・評価制の開発，国民投票型意思決定の制度化等々が考えられる．また，北欧諸国の政治システムが示唆しているように，このような観点に立ってこそジェンダーの思想を政治世界に具体的に繁栄させることも可能となろう．ただし，ここに言う市民とは，都市化された社会に生き，同時にナショナル・リージョナル・インターナショナル・グローバルの各政治的意味空間との連関性を自覚する共同性を身につけた市民，つまり規範的な概念としての「公共的市民」である．

分権化の方向

　今後，日本の政治・行政が，既存の制度の枠内で存在する政党と政治家本位ではなく，新しく開かれた選挙・政治資金制度の下で輩出される政治家と「公共的市民」を主体として担われるには，国政レベルでの制度改革とともに，地方レベルでの制度改革・制度開発を必要とする．この意味で，上にみた国政改革と，現在進行中の地方分権化政策とは直接に連携し合ってなされるべきである．否，むしろ地方分権化の制度・システム改革，制度や政策開発が先行し，それに沿って国政改革が進められるべきであろう．この点では，90年代国政改革は分権化との関連性は必ずしも明確でなく，また本来分権化の制度改革に合わせ体系的になされるべきことが，中央主導で先行しすぎている傾向が見られる．たとえば，現在自治省が進め始めている市町村合併の促進策は，地方分権化の精神をむしろ逸脱する危険性を孕んでいる．95年の自治法改正で市町村合併は住民の発議によることが定められているからである．

　こうした傾向は，いわゆる「自治体無能論」と称される一群の考え方と重なりあって，地方分権の議論にさまざまな影を落としている．しかしながら1999年の機関委任事務廃止を規定した地方分権化法は実質的に新しい地方自治法に相当する．さらに，今後税源の委譲が行われれば，制度上，分権化の基本条件が整えられることになる．このことは，市民と自治体がこれまで構造化されてきた政策の「下請け」と財政の「中央依存・たかり」の体質から脱して自らが政策，財政両面で自立した主体となることを意味する．言い換えれば，中央政府の仕事は外務，防衛，法律制定などの「純粋公共財」に限定し，それ以外の大半の業務は「地方公共財」として地方政府の業務に移管され，ここに中央と地方は「水平的関係」に移行することとなる．このような変化の可能性を踏まえて，果してどのような枠組みでの自治・行政が良いかの，いわゆる地方分権「受け皿」論が近年さまざまに議論されており，それらは道州制論から「廃県置藩」(細川護熙)，連邦制など概ね地方行政の広域化を目指したものが多い．ただし，この点

で注意すべきは，分権化は，次のような基準に従った自治と行政のバランスの追求を原則とすべきである．その基準とは，(a)民主主義，(b)行政効率，(c)経済・財政的効用，および(d)共同体である．ただし，行政効率の観点から再び中央官庁主導の分権化がなされれば，それは地方分権化ではなく「中央分権化」となろうし，財界・企業の論理では規制緩和の問題と同様，経済的効用極大化の観点に偏重する．つまり，重要なことは，いずれのバイアスをも排して民主主義，効率，効用および共同体のバランスを保った分権化の主体は，政策主体，財政主体となる市民および自治体の議会・政府でなければならない．新たな自治体が政策主体であり，財政主体でもあるとすれば，政策（立法と運用）と財政（税制，予算編成，財務）を本位に機能的な自治体システムの形成が受け皿となり得る（松下圭一，1998，1999 を見よ）．たとえば，自治は民主主義と共同体の形成を最大化する単位としての現行の基礎自治体に近似する「居住・生活自治体」を置き，ここに課税権をもたせ財政主体とする．R・ダール＝タフティが言うように，「市民有効性」，即ち，市民が完全に政治体をコントロールするには，市民による政策決定の直接参加と市民の数を少なくする必要があり，また「システム容力」，即ち，政治体が市民に完全に対応する容力をもつには，完全に自立的でなければならないからである（R. Dahle & E. Tafte, 1973, pp. 33-42）．同時に政策の効率・効用の観点から，ゆるやかなネットワーク型広域政策連合（課税権をもたない）を形成するというのはもう一つの選択肢であろう．次に重要なことは，政策・財政の評価と監視システムとに市民を中心とする第三者機関型の外部監査・評価制を整えることである．その場合，自治体行政の情報公開制が前提となることは言うまでもない．

　最後に，新しい分権化が目指すべき国－自治体－市民の役割・責任の原則的関係については，それぞれの役割と責任をあらためて確認されるべきであろう．役割・責任を明確にしない受け皿論や権限・財源委譲論は分権化の意味をあいまいにする．とくに，市民の自己責任を外に置いた議論は，

結局，国にも，自治体にも受動的に依存する旧態の市民像を肯定することになろう．松下に従えば，まず，市民自らの自治によって解決できる領域は市民責任に属する．そして，自治体の役割と責任は「個人解決できない問題領域のみをシビル・ミニマムとして最低限の「公共保障」（憲法25条）を行う」ことにある．シビル・ミニマムとは「国のナショナル・ミニマム，国際機構のインターナショナル・ミニマムと緊張関係をもつ自治体の個性的で質の高い市民政策公準」に他ならない．そして，国際・国・自治体それぞれのミニマム委譲のことは，自由な「市民選択」に委ねられるべきということである（松下圭一，1999, pp. 87-88）．

日本型成熟社会へ

　以上見てきたように，日本は今，21世紀を展望するマクロな戦略的思考に基づく積極的な構造改革を迫られている．だが，バブル経済崩壊後の長期化した経済不況の中で，政治・経済のエリートも市民もいずれも自信を喪失して，対症療法的な対応に甘んじ，新しい日本の社会像と発展のビジョンをアジアに，世界に発信できないでいる．この自閉的な状況は単に政策形成・決定者に限らず，多様な利益集団，マス・メディア，教育機関，地方自治体にまでおよび，まさしく「多元的停滞」の状況を呈している．この状況はある意味で「思想」の危機と言い換えることができよう．そして，このことがまた「日本異質論」を強めさせ，日本の国際信用を低下させることに手を貸している．日本に必要な新しい社会像と発展のビジョンとは，経済のグローバル化，高度情報化社会の世界化を与件としつつも，日本がどのような成熟社会を創造するかについての深い思想・哲学に裏付けられた長期的ビジョンでなければならない．世紀末ヨーロッパのいくつかの国は，日本にとり，その有力なモデルを提供しているように思われる．たとえば緑の党との連立を組んだドイツ社民党政権，英国民に「第三の道」を提示したブレア労働党政権など，ヨーロッパ諸国の多くで政権復帰した社民党政権は，一方で経済のグローバル化，情報社会化に対応し，他

方では EU 問題にそれぞれ独自に対応しつつ，同時に長期的なパースペクティヴをもつ新しい国家像と発展のビジョンを明確に打ち出している．そこに共通することは，自由市場経済を至上とするアメリカ的発展モデルとは異なる伝統的な「社会的国家」像であり，ヨーロッパ型「成熟社会」のビジョンである．むろん，「アメリカン・システム」であれ，ヨーロッパの「ライン・システム」であれ，「北欧システム」であれ，いずれも永遠に最善のシステムということではあり得ない．だが，インターネットによる商取引が企業経営の全面に影響を及ぼし，デイ・トレーダーが1日にして200億ドルを動かす金融投資本位の「サイバー資本主義」(榊原英資)が，果して永遠の繁栄を約束するであろうか．資本主義それ自体の深い認識に基づいた日本型成熟社会の構想と設計こそ，今日本が必要としていることである．このような観点からみれば，90年代の規制緩和政策，地方分権化，行政改革，国会改革，選挙制度改革等々一連の制度改革とこの流れに沿った政府の政策展開も，新しい国家像と成熟社会へのビジョンと設計が不明確であるため，体系性に欠けている．体系的な日本型成熟社会の構想は，さしあたり次のような条件で設計される必要があろう．①国政中心の法制度・システムを分権化の精神に沿って，中央－地方を垂直的関係から水平的関係につくりかえるとともに，監視・監査制を含む既存の制度・システムをさらに民主主義的なものに洗練させ，〈デモクラティック・ガバナンス〉を確立する．②政策は国中央が担うべき純粋公共財の限定とナショナル・ミニマムを確定し，地方政府が担うべき役割は，シビル・ミニマム，即ち福祉・環境重視のインフラ整備を中心とする行財政へと政策を転換する．③日本に適したセイフティネットと危機管理システムを再構成する．④アジアに軸足を置いた国際的な貢献と信頼を獲得するため，地球的規模の課題，即ち(a)世界平和，(b)地球環境保全，(c)人権擁護・民主化の促進，(d)援助を中心とする富と福祉の公正配分，に中央政府・地方政府から民間企業・団体・個人に至るまでそれぞれの立場で積極的に取り組む(中野，1999(a)終章を見よ)．これらの条件から見るかぎり，

90年代の国政改革はまだ緒についたばかりと言えるかもしれない．

参考文献

Dahl, Robert A. & Edward Tafte（1973）　*Size and Democracy*, Stanford University Press（内山秀夫訳『規模とデモクラシー』木鐸社，1979年）
福井秀夫（1997）「行政改革・地方分権の法と経済学」（日本公共政策学会1997年度研究大会提出論文）
船橋洋一（1995）『アジア太平洋フュージョン——APECと日本』中央公論社
Gilpin, Robert G.（1987）　*The Political Economy of International Relations*, Princeton University Press（佐藤誠三郎・竹内透監訳『世界システムの政治経済学』東洋経済新報社，1990年）
飯尾潤（1997）「官民関係の位相」（日本公共政策学会1997年度研究大会提出論文）
Johnson, Chalmers（1981）　*MITI and the Japanese Economic Miracle : The Growth of Industrial Policy 1925-1975*, Stanford University Press（矢野俊比古監訳『通産省と日本の奇跡』TBSブリタニカ，1982年）
涂照彦（1999）「アジア経済危機に日本はどう対処すべきか」（『ポリシー・フォーラム21』第2号）
金子勝（1999）『セーフティネットの政治経済学』筑摩書房
Mahathir, bin Mohamad（1999）　*A New Deal for Asia*（福島範昌訳『日本再生・アジア新生』たちばな出版）
松下圭一（1998）『政治・行政の考え方』岩波書店
松下圭一（1999）『自治体は変わるか』岩波書店
増島俊之（1999）「中央省庁等改革基本法行革の特色と問題点」（『レヴァイアサン』1999年秋号）
宮本太郎（1999）『福祉国家という戦略——スウェーデンモデルの政治経済学』法律文化社
中野実（1982）「選挙の経済学」（白鳥令編『政治の経済学』ダイヤモンド社）
中野実（1985）「政治資金規制の諸問題」（『ジュリスト増刊総合特集』38号）
中野実（1992）『現代日本の政策過程』東京大学出版会
中野実（1996）「政界再編期の立法過程——変化と連続」（『レヴァイアサン』1996年秋号）

中野実・廉載鎬（1998）「政策決定構造の日韓比較―分析枠組と事例分析」（『レヴァイアサン』1998年秋号）

中野実（1999(a)）『宗教と政治』（中野実責任編集〈シリーズ21世紀の政治学〉全12巻(1))，新評論

中野実（1999(b)）「90年代の国政改革―上からの政治革命」（『国会月報』2000年(2)～(5)）

奥田宏司（1998）「外国為替と国際通貨」（基礎経済科学研究所編『地球社会の政治経済学』ナカニシヤ出版）

上山信一（1998）『「行政評価」の時代―経営と顧客の観点から』NTT出版

Walin, Sheldon S. (1989) *The Presence of the Past : Essays on the State and the Constitution*, The Johns Hopkins University Press

吉田和男（1997）「分権化と財政」（日本公共政策学会1997年度研究大会レジュメ）

〈コラム〉誰もが候補者に——英国選挙の体験から——

　国政改革も政策の向上も，つまるところ優秀な政治家を常に生み出せる仕組みがなければ成就しないという感をますます強くしている．50〜60％の投票率，支持政党なし50％の現状を見るにつけ，17年前に密着体験した英国総選挙戦を懐かしく想い出す．シェフィールド大学に滞在していた1983年当時，サッチャー政権下で総選挙があり，世界に冠たる英国選挙の実態を見聞する好機に恵まれた．アンケート調査表も用意し，「選挙とお金」の項目を設けたところ，某先生に「愚問だ」と一蹴され，クリーン選挙を自負する英国人のプライドの高さにまず驚かされた．一方，私は労働党のM候補に密着取材する機会を得た．Yシャツを腕まくりしたボランティア運動員風の中年男と2人で市の中心部に街宣に出かけた．この男はマイクを片手に 'Vote Labour', 'Vote for Peace' を連呼し，私も車の窓から市民に手を振るという珍しい体験をした．すべてが，あまりにもシンプルだったせいか，愚かにも私はこの男が選挙区1位で当選を果たすM候補であることにその時は気づいていなかったのである．その後，私はM候補にくっついて戸別訪問や小集会を見聞した．家の玄関を開け，1人15分程で候補者と住人が対話し，集会でも対話を交わす．候補者1人の選挙費用はせいぜい100万円程である．なんとクリーンで安価で質実の豊かな選挙であることか！　逆に，仰々しいわりに直接対話がなく，しかも1人2〜3億円もかける日本の総選挙は悲惨の極みである．政党中心の政治資金・選挙費用の管理・運営と腐敗防止法という制度に馴染んで定着してきたクリーンで対話本位の英国選挙は，公開性と討論を命とする代議制民主政治の理にかなっているだけでなく，国民の被選挙権を最大化し，優秀な政治家を再生産する合理的な仕組みにもなっているのである．有権者と候補者との直接対話は政治の満足感と一体感を生み，安価な費用は意思と能力ある誰もが立候補できる道を開いている．つまり，英国の選挙は政治への信頼と立候補の競争性を高め，優れた政治家を絶えず確保できる仕組みになっているのである．事実，オックス・ブリッジの学生に「将来」を聞くと，きまったように「いずれは立派な政治家に」という答えがかえってくる．2〜3億円用意するか，議員二世か，官僚出身かに候補者を特権化し，国民から被選挙権を事実上奪っている日本の選挙こそが国民の政治不信と疎外感の元凶であることに気づくならば，英国に代表される欧州政党国家の選挙システムに備わっている奥深い知恵を今こそ学び取る必要があろう．

2 行政システムの再構築とその課題

毛　桂榮

はじめに

　行政改革にはさまざまな内容があり，行政運営改善，人員削減，組織改革・再編成，内閣編制の改革もあれば，規制緩和，国鉄の民営化などのような改革もある．戦後日本ではさまざまな意味の行政改革が進められてきた（毛，1997）．ここでは広く行政の制度と運営に関わる諸問題をとらえて分析する．行政改革会議の報告書は「戦後型行政システム」から「21世紀型行政システム」への転換を提起していた．本章では，この二つの概念を用いて，行政改革による行政システムの変容を概観・検討してみたい．「戦後型行政システム」と「21世紀型行政システム」の意味内容については，本文の以下の叙述，分析で明らかにする．叙述の順序としては，まず「戦後型行政システム」の基本的な特徴を見た上で，「21世紀型行政システム」への改革を分析する．そして最後に行政改革が目指した「21世紀型行政システム」が果たして形成されるのか，その可能性を検討する．

1　「戦後型行政システム」とその改革

　戦後日本の経済成長，社会の発展を支えていた，いわゆる「戦後型行政システム」は単に戦後において形成されたものではない．ある部分は明治時代にまでさかのぼることができるし，またある部分は戦前，とりわけ戦

時中の統制経済体制の形成によるところもある．「1940年体制」論は統制経済体制の影響を示唆するものである．ただし多くは戦後政治経済社会の発展の中で形成されたといってよい．そこでここでは，行政システムの歴史的形成というよりは，その五つの基本的な側面，すなわち内閣と省庁組織の編制，政官関係（あるいは政治行政関係），官民関係（政府と民間との関係），政府間関係（中央地方関係），政府の規模の抑制という面から「戦後型行政システム」の基本特徴を概観する．

割拠制と総合調整

近代国家の形成において，日本は「生まれながらの行政国家」（井出，1982）であったと指摘されている．すなわち強い官僚制を近代国家の推進役として，欧米へのキャッチ・アップを進めてきたというのである．行政官僚制は「官尊民卑」意識が示すように，「特権的」あるいは「高権」的な存在であった（辻，1969，足立，1978，1990）．と同時に，その強い官僚制も「割拠制」構造を問題として抱えてきた（辻，1969）．明治憲法下では議院内閣制の基本構造が形成されておらず，内閣には議会への責任もなかった．「官制大権」を有する天皇への「国務大臣単独輔弼制」では内閣は行政権の中心ではありえなかった．内閣総理大臣および内閣の調整能力がつねに問題とされ，企画院など総合国策機構の設置も行われたが，根本的な問題は解決されなかった．戦後改革では，この問題の解消も含め，議院内閣制など一連の制度整備によって新しい枠組は確立された．

憲法では，行政権は内閣総理大臣およびその他の国務大臣からなる内閣に属し，内閣は，国会に対して連帯責任を負うことになっている（65，66条）．内閣総理大臣は国会の議決で指名され，国務大臣は内閣総理大臣が任免する（68条）．そして内閣総理大臣が内閣を代表して行政各部を指揮監督する（72条）と規定されている．また内閣法では，主任の大臣による分担管理（3条），内閣がその職権を行うのは閣議によるものとし（4条），内閣総理大臣は閣議にかけて決定した方針に基づいて行政各部を指

揮監督する（6条）と規定されている．内閣総理大臣の権限に関しては，いわば「主任の大臣」による分担管理，そして閣議という手続きで制約を加える一方，大臣の任免権などを与えることによって強化した．占領改革以来，少なくとも 1952 年以降は，1 府 12 省体制を維持してきた．もちろん総理府外局たる大臣庁の増設のような変動はあったが，「主任の大臣による分担管理」の体制そのものは基本的に変わっていない．行政改革会議報告書に言う「行政各部」中心の行政（体制）観と行政事務の各省庁による分担管理原則が確立されていたわけである．その上で全員一致という手続きで行われる閣議を媒介にして，内閣総理大臣が行政各部を指揮監督することになる．

しかし，内閣は「国務を総理する」機関であるが，現状では事務次官等会議で了承された案件を閣議にかけることが常態となり，各省庁の縦割りと全体調整機能の不全という問題は解消していない．そのため，内閣および内閣総理大臣の調整機能の強化に関わってさまざまな改革構想が提起されてきた（毛, 1997）．これらの改革構想の変遷を単純化して，便宜上三つの時期に分けることができる．すなわち戦後改革から 1960 年代までの時期，70 年代から 80 年代までの時期，そして 90 年代に入ってからの改革期である．結論的に述べると，第一期は内閣の機能強化について，トップダウン的あるいは「集権的調整」を構築しようとしてさまざまな提案がなされた（岡田, 1994, 毛, 1997）．戦後改革における内閣予算局なる組織の設置構想がその一例であったが，第一臨調の内閣府構想でも内閣レベルの行政管理諸機能の統合が再び議論された．第一臨調の改革提案は，妥協的なものが多いが，集権的調整，トップダウン的体制の構築を目指したものである．これらの諸構想は，結局実現できなかった．第二期では省庁分担体制の基本を維持しながら，大臣庁が増設するとともに，ボトムアップ的あるいは「分権的調整」の構築が志向された．いわゆる総合調整の「二重の仕組み」論においては，各省庁および総合調整官庁の調整が第一次的なものと考えられていた．しかし問題は解決されなかった．90 年代にな

り，情勢が一転して，「副大臣制」，「政務審議官」の設置を含む「小沢構想」(小沢，1993) を一つのきっかけに，内閣府構想，内閣予算局構想が再び提起され，また内閣の「首長」，「代表」という規定を重く受け止め内閣基本方針の発議権を首相に与えるなどの改革が進められている．70年代以後否定されてきた「集権的な内閣制」が目指されているわけである．しかしそこには60年代までの集権的調整論への回帰だけではなく，もう一つの政官関係論が重なっている点が重要である．次にこれに触れたい．

官僚優位と政官関係

日本の行政については，「官僚支配」，「官僚優位」が言われている．「議会の空洞化」が憂慮され，「官僚政治の打破」，「政治優位の確立」が日常的に聞こえてくる．官僚が「政府委員」となって，国会で答弁する「政府委員制度」はある意味では，その象徴的な一面である．「重要な問題だから，政府委員に答えてもらう」という大臣の国会答弁は奇妙に響くが，真実でもある．

官僚支配を打破するためにさまざまな改革論が提示されてきた．首相の直接選挙という提案すらあった．また国会と内閣の関係における行政統制の強化，国会機能の強化も議論されている．だが政治優位への改革は，国会改革，政治改革の問題であると同時に，行政改革の課題でもある．というのは，政治の行政への優位，あるいは行政統制を考える場合，国会と内閣との関係だけではなく，内閣とその下での官僚制組織との関係をも考慮しなければならないからである．

内閣と各省庁とは，組織の上下関係だけではなく，政治と行政との関係であり，政官関係をも含むものである．内閣は国会の多数派による政治的執行部であり，職業的行政官によって組織される「行政」とは異なる．「行政権は内閣に属する」という場合，「行政権」はまさにこの政治的な執行部である内閣に与えられている．中央省庁組織に与えられているわけではない．中央省庁組織は，内閣の行政権を機能的に分担するものであるに

すぎない．内閣の省庁組織への調整・指揮監督・統制は政治と行政の関係である．内閣および内閣総理大臣の調整能力の強化は，この政治的執行権の強化であり，政治の行政に対する優位への一歩なのである．このように，「戦後型行政システム」の改革において政官関係論がもう一つの重要なポイントとなる．

各省庁による分担管理体制においては内閣および内閣総理大臣の調整機能の強化が追求されてきたが，総理大臣の各大臣への任免権が実際行使されたことがないように，その調整機能，あるいは法制度上の権限は，さまざまな政治的な理由によって阻害されている．自民党の派閥論理，役職人事の制度化（佐藤・松崎，1986）などによって大臣の平均在任期間はほぼ1年にとどまっており，各国務大臣は省庁に対する統制機能を充分に果たせない．各国務大臣が各省庁に向かって内閣を代表し行政を統制するというより，省庁の代表として内閣で省庁の利益を代弁する．また閣議決定に基づいて内閣総理大臣が各省庁を指揮監督することになっているので，全員一致がなければ閣議決定できないし，指揮監督もできにくい．以上を要するに，内閣という政治的執行部は，行政官僚制をなかなか統制できない状況になっている．

さらに内閣総理大臣は各大臣への任免権を持ちながら，派閥人事などの制約で行使されない．内閣総理大臣が各大臣，各省庁に対して内閣の代表，首長としての機能を十分果たせない．また有力なスタッフ組織（片岡，1982）を欠く内閣総理大臣および内閣は，各省庁への必要な統制をなかなか行使できない．かくして省庁の分担管理体制は，割拠構造となる．

他方，自民党の各部会・族議員と省庁とが連携して，時折内閣を迂回し，「各省庁→内閣」という権力ルートとは別に，もう一つの権力ルート，すなわち「各省庁→与党部会・族議員」のルートが機能する．いわゆる二重権力構造である．自民党政権の長期化，政策能力の強化，族議員の活躍などで政党優位が説かれているが（村松，1981），「政治優位の確立」，「官僚支配の打破」がいぜん課題であり続けている．

行政各部の分担管理という戦後体制を脱却するためには，内閣の構成員である各国務大臣の各省庁に対するコントロール能力，また内閣のスタッフ機能の強化を含め内閣の各省庁への調整能力を強化しながら，同時に内閣総理大臣の各大臣に対する指導力も高めていかなければならない．それは総合調整の問題であると同時に，政治の行政に対する統制の強化の問題でもある．国務大臣任期の長期化，関係閣僚会議の活用，内閣における政治的任命の新設・増設，そしていわゆる「小沢構想」にある「副大臣」設置などの提案はまさにこのための改革なのである．

規制と行政指導

　戦後日本において，欧米先進国へのキャッチアップが国家の大きな命題であり，行政官僚制，とりわけ経済官庁が案内役となってその主導のもとで，経済発展のためにさまざまな産業政策，規制などを実施してきた（ジョンソン，1982，山口，1987，真渕，1994）．日本が「発展志向型国家」（ジョンソン，1982）と特徴付けられたのは，「日本経済の奇跡」の牽引役として行政官僚制の役割が大きいとみなされたからである．この発展志向型国家では，官民が一丸になって経済成長を追求してきた．そしてこの発展志向型国家における官民協調が日本的な特徴とされてきた．官民協調においては審議会，業界団体の調整機能の役割が大きいが，さまざまな規制や行政指導も日本的な官民関係の形成に大きく寄与している．ここでは，規制と行政指導について取り上げる．

　公的規制とは，「国や地方公共団体が企業・国民の活動に対して特定の政策目的実現のために関与・介入するものを指す．それは，許認可等の手段による規制を典型とし，その他にも，許認可等に付随して，あるいはそれとは別個に行われる規制的な行政指導や価格支持等の制度的な関与などがある」と1988年の「公的規制の緩和等に関する答申」では定義されている．許認可等は公的規制の主要な手段とされている（森田，1988）．規制は，経済的規制と社会的規制に分けることができるが，政府が統一的に把

握している国の許認可等の範囲は，国民（個人および法人）の申請，出願等に基づき行政組織が行う処分およびこれに類するもので，法律，政令，省令および告示において許可，認可，免許，承認，検査，登録，届出，報告等の用語を使用しているものであり，具体的な件数については，許認可等の根拠法令の項あるいは条ごとに1事項として数えるなど機械的に算定すると，1万件以上に達していることが明らかにされている．日本の産業全体の3分の1が何らかの許認可などによって規制されている．戦後日本は，まさにさまざまな規制で覆われていた．

　規制に伴うのが行政指導の多用である．行政指導とは，行政機関がその任務または所掌事務の範囲内において，一定の行政目的を実現するため特定の者（個人，団体）に一定の作為または不作為を求める指導，勧告，助言その他の事実行為である．行政指導は，明白な法的な根拠がなくても，行政機関の任務と所掌事務を規定する設置法などの関係法規をもって行いうる．というのは，行政指導の妙味は法的な強制ではなく，その指導される相手方の「自発的」な協力にあるからである．しかし多くの場合，補助金，税制優遇，政策融資などの便益の提供あるいは拒否が手段としてあわせて持たれている．行政機関にとって行政指導は法改正などの手間をかけずにその政策目的を実現することができる手段である．指導された方にとっては，その行政組織の行政指導に従うことで，補助金，税制優遇，政策融資などの便益を受けることができる．そしてこれがしばしば癒着，汚職の温床となる（新藤，1992，大山，1996）．もちろん行政の社会への介入には，「行政客体」とされる「国民の統治客体意識」，行政への依存体質も大きく関わっている．行政指導の一面として業界による要請があることも忘れるべきではない．

　戦後日本では，官僚制と官民関係を含めた行政システム全体が欧米へのキャッチ・アップという目標をかかげ，そしてその案内で社会全体が生産競争に動員されたといってよい．規制，行政指導はそのための手段であった．その結果，社会がさまざまな国家規制や因習・慣行に覆われて，画一

化・固定化されたとされている．行革会議報告書は，「経済的に豊かな社会を追求する過程で，知らず知らずに，実は新たな国家総動員体制を作りあげたのではなかったか」とさえ述べたのである．

政府間関係における「集権・融合」

戦後日本行政のもう一つの特徴は，中央と地方の関係における中央集権である．長い間，「地方政府」という用語も存在しなかった．地方政府は地方公共団体とされ，政府間関係は，「国地方関係」とされている．日本の地方自治が「3割自治」と言われているのは，歳入に占める地方政府の割合が3割程度だからである．しかし他方の歳出を見ると，地方政府の「活動量」が世界でも例を見ないほど大きいことが分かる．日本の政府間関係が集権的ではなく「自治的」とされる重要な理由の一つは，この活動量なのである（村松，1988）．歳入と歳出のギャップを埋めるのは機関委任事務であり，中央の補助金などである．そして補助金などに付随するさまざまな必置規制と介入である．中央政府は権限・財源をいったん集中してから，自らすべてのサービスを提供するのではなく，地方政府に代行させているのである．このような政府間関係は，「集権・融合」と特徴づけられている（西尾，1990，1993）．霞ヶ関への補助金獲得の陳情合戦が毎年繰り返されているのはそのためである．

「小さい政府」と総量規制の管理技法

戦後日本の行政システムには，もっと積極的に捉えてもよい特徴がある．それは政府の規模が総量的に規制されていること，そしてその結果政府の規模が相対的に小さいことである．政府の規模をどう捉えるかは困難な作業であるが，組織と人員から見ると日本の政府規模は相対的に小さい．

総量規制という行政手法は，基本的に高度成長期に開発されたものである．省庁組織規制と総定員法がその典型である．即ち，中央省庁組織内部の局組織（官房を含む）は，1967年の131を最高に，その後局の総数が

漸減し，1984年の修正国家行政組織法の実施で128が上限として設定される．また1968年から組織の新設については基本的にスクラップ・アンド・ビルドが原則となった．さらに総定員法が1969年からスタートし，省庁全体の法定最高定員限度内で，政令などにより各省庁の定員を調整するメカニズムが形成された．組織の新設，改正および定員の設置，増減が予算とも連動して審査され，予算増員には，増員要求枠というシーリングがかけられることもある．その結果，戦後日本の中央省庁においては，府省組織は13で，府，省，委員会，庁を合わせた組織は40から45までの間で安定している．そして中央と地方を含めた日本の公務員の数は，行政サービスの量の増加ににもかかわらず漸減してきた．公務員の人口割合，また就業労働力に占める割合は，世界的に小さい．

　総量規制という手法は，まさに総量を規制するもので，中身を考えるよりもその箱あるいは入れ物を先に設定して組織組織の数，定員の総数の膨張を抑制する手法である．それ自身に合理的な根拠があるわけではないが，戦後日本においてはかなり成功していると言える．ただしその反面，行政の周辺領域に対しては各種特殊法人，第三セクターなどの外郭団体の増設圧力として現れることがある．そこにさまざまな問題があることはいうまでもない．

2　「21世紀型行政システム」への行政改革

　上述した「戦後型行政システム」は，その運用の過程でさまざまな改革を経てきた．特に戦後の高度経済成長の終焉で，日本も世界の先進諸国と同様にいわゆるポスト産業社会の時代に転じたため，それに伴う諸改革が必要とされるようになった．このポスト高度成長期の改革は，世界的に見ると戦後に形成された，経済社会体制，福祉国家の再編成を目指したものであり，一般的に新保守主義政治とされる．アメリカのレーガン政権，イギリスのサッチャー政権の諸政策が典型的なものである．行政改革はそれ

らの諸改革の一環をなす．しかし日本の行政改革は1980年代の中曽根政権，1990年代の橋本政権を中心に進められて，20年ほどの年月を要した．その理由は，欧米の新保守主義的再編成が危機を背景とした改革あるいは「革命」であるのに，日本は1980年代では近代化達成論，良好な経済パフォーマンスを背景に，予防的な新保守主義的改革であったことにある．80年代の「英国病」「先進国病」の諸言説はその予防を呼びかけるものであった．その結果，財政改革，分権，規制緩和，民間委託などが80年代に進められたが，徹底的に行われなかった．中曽根首相は「戦後政治の総決算」を掲げたが，国鉄の民営化などを除いて，行政改革は大きな成果をあげなかったといってよい．後述する規制緩和の諸改革がその典型的な一面である．もちろん国際的には日米の貿易摩擦の解消においてアメリカが日本の輸出の自主規制を期待し，規制緩和への外圧がそれほど強くなかったこともその一因である．しかし，それらは90年代で一転した．

　80年代の良好な経済パフォーマンスは，バブル経済の崩壊で終了し，いささか危機的な状況が生じてきた．90年代においては，経済におけるバブル経済の崩壊，政治における変動，とりわけ1993年の政権交代，そして日米経済関係の変調，とりわけ1989年に始まる日米構造協議に見る市場アクセスの交渉などが，あらたに新保守主義的改革を求めさせた．橋本六大改革（行政改革，財政構造改革，金融システム改革，経済構造改革，社会保障制度改革，教育改革）は，いわば未完成の新保守主義的改革の第2ラウンドである．

　この20年間のさまざまな改革，また改革の推進過程については，ここで叙述しない．いくつかの重要な側面から行政改革の内容をまとめて，「21世紀型行政システム」の形成を目指した改革の特徴を概観する．「戦後型行政システム」の概観と比較できるように内閣調整機能の強化，政官関係における「官から政へ」，政府間関係における「中央から地方へ」，官民関係における「官から民へ」，総量規制と政府の減量化，そして最後に行政の透明性・アカウンタビリティについての改革を概観する．

官邸機能の強化とトップ・ダウン型政策形成

「この国のかたち」の再構築を掲げて進められてきた行政改革は,「トップダウン的」な政策形成,あるいは前述した「集権的調整」メカニズム形成の改革案を構想した。その結果,憲法で規定されている「国務を総理する」,内閣を「代表」する,あるいは内閣の「首長」である内閣総理大臣の役割を強調し,総理大臣に対しては内閣の基本方針・政策の発議権を内閣法で明確化した。また内閣および内閣総理大臣の補佐・支援体制として,内閣官房が強化され,「内閣府」と「総務省」が新設されることになった。内閣官房は,内閣の補助機関であるとともに,内閣の「首長」たる内閣総理大臣を直接に補佐・支援する強力な企画・調整機関とし,総合戦略機能を担い,内閣府は,内閣総理大臣を長とする機関として,内閣官房の総合戦略機能を助け,横断的な企画・調整機能を担う。総務省は,内閣および内閣総理大臣の補佐・支援体制の強化の一環として設置され,行政の基本的な制度の管理運営を担う組織となっている。二重三重の補佐体制であり,「内閣府・総務省」体制とも言われている。さらに内閣予算局の妥協策とも言える,マクロ経済政策,財政運営の基本,予算編成の基本方針,社会資本の総合的な整備計画などを検討する経済財政諮問会議が内閣府に設置されることにもなった。

「官から政へ」

「トップダウン的」な政策形成のメカニズムを目指した改革は,「割拠制」に対する総合調整機能の強化であると同時に,内閣の各省庁への政治優位の志向をも含意するものであった。新設された副大臣や政務官は,各大臣ないし内閣の各省庁に対する調整・統制機能の強化を目指したものである。また内閣総理大臣の発議権の付与は,内閣総理大臣の各大臣に対する優位を目指したものである。各省庁の上級官僚人事の内閣承認も政治の行政に対する統制を強化する方策として考えることができる。また政府委員制度の縮小ないし廃止も政治優位への一方策である。それらの改革に並

行して，政党同士，政治家同士の政策論争を活発化するためにイギリスに倣って「クエスチョンタイム」が国会で設けられ，与野党の党首討論，閣僚と野党首脳との直接論争が進められている．「21世紀型行政システム」を目指した行政改革は，総合調整機能の強化と政官関係における政治機能の強化とをともに含意した改革なのである．

「官から民へ」

　規制緩和，民営化，民間委託は，新保守主義的な改革の共通項である．日本でも官民の役割分担については，民間でできるものは民間にゆだね，市場原理と自己責任原則に基づき行政は民間活動の補完に徹するなどの基本的な考え方が示され，事前規制型の行政から事後チェック型の行政への転換が目指されている．しかし1980年代に民営化はあったにもかかわらず，規制緩和はさほど進まなかった．90年代になってやっと本格化する．

　1993年の閣議決定では，「経済的規制については原則自由，社会的規制については本来の政策目的に沿った必要最小限のものとする」という規制緩和の政府方針が確認された．以後，規制の撤廃，またはより緩やかな規制への移行，規制内容の明確化，簡素化，規制の国際的整合化，規制関連手続の迅速化，規制制定手続の透明化などが進められ，1995年から規制緩和3ヶ年計画，またその後も新3ヶ年計画で具体的に施行された．そこでは事業参入規制の見直し，認可，届出等の見直し，資格制度の見直し，基準・規格および検査・検定の見直し，許認可等の審査・処理の迅速化・簡素化，許認可等の審査基準の見直しが進められた．そして新しい制度として，規制の設定または改廃に係る意見提出手続，いわゆるパブリック・コメント制度がスタートした．

　民営化においては，80年代で国鉄が分割・民営化され，そして90年代でNTTなどが完全民営化された．またいくつかの特殊法人の整理・民営化が進められ，郵便事業についても，郵便事業庁が設置され，5年後に政府公社へ移行されることになった．

また行政指導については，法的には初めて公式化され，行政手続法では行政指導の原則が定められており，行政指導の内容があくまでも相手方の任意の協力によってのみ実現されるものであり，行政指導に従わなかったことを理由として，相手に不利益な取扱いをしてはならないとされ，行政指導の方式として書面の交付なども規定された．

「中央から地方へ」

　地方分権推進委員会の答申に基づいて，地方分権が大きな一歩を踏み出した．明治維新，戦後改革に次ぐ「第三の改革」と位置づけられたこの分権改革では，中央と地方との関係を「従来の上下，主従の関係」から「対等，協力の関係」に改め，機関委任事務の廃止を軸に「地方分権型行政システム」への変革が進められた．地方の事務を「自治事務」と「法定受託事務」に区分し，中央と地方との紛争・係争が準司法的な第三者的機関に処理させ，行政的統制から司法的統制へシフトすることにした．従って自治省なる組織は不要となる．地域行政は，基本的に地方公共団体の手にゆだねられることが志向され，中央から地方への権限委譲，国の関与や必置規制の廃止・縮小，補助金の整理・縮小，地方財政の自立性の強化などが進められた．「集権・融合」の政府間関係が大きく変化することになった．

総量規制と減量・スリム化

　総量規制という手法は継承されている．省庁組織は半減され，特命大臣を含め国務大臣については15〜17人と規定されている．また1984年に国家行政組織法改正で設けられた128という局の総数については，90（当面は96）という規制目標が，さらに現在にある1,200程度の課の総数についても，900（当面は1,000）という規制目標が示されている．

　ただ政府の規模の抑制は，単に組織の総量を規制するのではなく，減量・スリム化を目指した．民営化，民間委託，規制緩和などによる「官から民へ」，そして地方分権による「中央から地方へ」の改革は，いわゆる

行政の「水平的減量」として進められたわけである．さらに行政の内部における企画機能と実施機能との分離による「独立行政法人」設置などの改革が進められた．この「垂直的減量」と呼ばれる「独立行政法人」が，イギリスで進められた「エージェンシー」制度をモデルにしたものであり，国立大学を含め多くの行政事務・事業が，その「独立行政法人通則法」に沿って個別の設置法でそれぞれの行政事務の「アウトソーシング」が行われることになった．

透明性とアカウンタビリティ

90年代日本の行政改革では「透明性」と「説明する責任」あるいは「アカウンタビリティ」が流行語となっていた．それが規制緩和の推進で浮上したところに日本的な特徴があるといえるが，それはともかく「透明性」が法律用語として行政手続法に登場し，以来「行政の透明性」の向上が行政改革の理念の一つとなってきた．行革会議報告書は，行政の「総合性」，「戦略性」，「機動性」，「効率性」，「簡素性」とともに，「透明性」を行政改革の理念としてあげている．この「透明性」の確保は行革基本法にも登場している．基本法は行政の「効率化」と「透明性」の向上を図り，日本経済社会の構造転換を促すとして，府省間の政策調整の過程，審議会の会議・議事録の公開，独立行政法人の設立，公共事業の見直し，パブリック・コメント制度の導入で「透明性」の確保などを繰り返し強調していた．公共事業の見直しは，公共事業の決定過程の透明性を図ることを目標として提起している．そして上記のパブリック・コメント制度は，これまでの「言い放し」，「聞き放し」の公聴会とは違って，政策の形成に民意を反映し，政策形成の過程の公正と透明性を確保するため，重要な政策の立案にあたり，その政策の趣旨，内容その他の事項を公表し専門家，利害関係者その他の国民の意見を求め，これを考慮してその決定を行う仕組みである．もっとも重要なのは，提出された意見についての取り扱いの結果と理由が公表されることにある．この制度は手続きの詳細さ，対象範囲の広

さなどで画期的といってよい．これは日本の行政手続法に欠けている行政立法手続きを制度化したものであり，行政立法過程への国民参加の制度化である．そして1999年に成立した情報公開法は，国民・住民の信託を受けて活動する政府がその諸活動の状況を国民・住民に対して適正に説明する責務あるいはアカウンタビリティを果たすことにあるとして，行政の公開性と透明性を趣旨にしている．併せてすべての府省で，政策評価組織の設置，政策評価情報の公開および政策への反映についての国民への説明責任の明確化を目標にした政策評価の仕組みが制度化されつつあるので，行政過程，そして行政における政策形成過程の透明性の向上が大きな可能性を持っていると言えるであろう．

3 「21世紀型行政システム」形成への課題

上記のように，「戦後型行政システム」は，割拠制，官僚優位，集権，規制などを特徴としたシステムであり，「21世紀型行政システム」への改革は，政治統制，分権，行政の減量とスリム化，行政の透明性の確保をキーポイントにしたものである．行政改革による行政システムの構造転換がそこでは目指されている．

行革会議報告では，三度も，「公共性の空間は中央の『官』の独占物ではない」という言葉を繰り返した．この言葉を裏返しに言うと，「戦後型行政システム」では「公共性の空間」は中央の「官」の独占物であった．中央の「官」による「公共性の空間」の独占によって経済大国の実現に社会全体を動員したのである．このような「戦後型行政システム」は官僚優位で行政の過剰な介入，規制の肥大化，中央集権，縦割りで意志決定の不透明，政策評価機能の不在を問題に抱えていた．一種の「国家総動員体制」とも言えるこの「戦後型行政システム」を改め，「公共性の空間」が中央の「官」の独占物ではない「21世紀型行政システム」を実現することは，容易なことではない．

「21世紀型行政システム」への転換を目指した改革において，内閣機能の強化，複数副大臣の設置および政府委員制度の廃止に見る官僚優位から政治統制強化への諸改革，集権から地方自治・分権型社会を目指した地方分権，規制から規制緩和へ，不透明・秘密主義の行政から透明性を目指した行政手続法，情報公開法，パブリック・コメント制度の導入などは，重要な意味を有する改革である．行政システムの構造転換を目指した制度改革としての可能性を秘めたものであるといってよい．ただしその可能性を実効あるものにしていくには，さまざまな困難があり，その諸制度をどう具体化し，どう運用していくのかにかかっている．以下，上記で言及した諸改革に限定して，いくつかの課題を示しておこう．

まずトップダウン的政策メカニズムの形成を目標にいくつかの制度改革を実施したことは大きな意味を持っているが，例えば内閣官房，内閣府，そして総務省による補佐体制が内閣および内閣総理大臣の機能強化に本当に寄与できるか，果たしてトップダウン的な意思形成のメカニズムが生まれてくるのかは，制度の運用にかかっている．また発議権の付与という制度的整備によって内閣総理大臣の機能強化，指導力発揮が確保できるかどうかは，内閣総理大臣の各大臣に対する任免権の機能停止に見るように，制度の具体的運用，そしてそれらの制度を巡る与党と政府との関係，政党政治などのような政治的な環境に左右される．上級官僚人事の閣議承認も同様である．

「官から民へ」の改革に関しては，規制緩和推進の結果，許認可等の件数が実はかえって増加していることが検討に値する．総務庁の調査では1985年に1万54件であったのが，1995年には1万760件に増えている．許認可等の件数は，機械的に算定されているのに対し，規制緩和は規制の廃止，規制対象範囲の縮小，規制基準の緩和，強い規制から弱い規制への緩和などさまざまなケースがあるので，規制緩和と許認可等の件数の増減とは必ずしも相関関係がないのである．しかし「経済的規制は原則廃止，社会的規制は必要最小限」という目標が規制緩和の基本的視点であるなら

ば，許認可等の件数の増加は問題視すべきであろう．また規制緩和の進行で，民間事業者および事業者団体による事業活動の規制という「民民規制」による競争制限的な民間慣行の是正を含め，市場の公正な秩序形成，独占禁止法強化の諸方策が求められるであろう．同時に，規制緩和万能論になりかねない規制論議に対しても，いかなる規制が必要か，経済的規制と社会的規制の区分も含めての再検討が必要である．場合によっては再規制への議論もあり得るであろう．さらにパブリック・コメント制度の一環でもある「規制の設定または改廃に係る意見提出手続」がいかに運用されるかも，これからの課題である．

中央地方関係において，政府間の対等な関係を前提にした一連の改革は画期的である．ただし政府間関係における分権を目指しながら，地方政府の総合行政の特徴を生かし，「法定受託事務」という仕組みが設定されたことにより，日本独自の政府間関係（「分権・融合」型の政府間関係？）が形成されていくためには，まだいくつもの障碍を越えなければならない．政府間の財源配分問題の解決，補助金制度の改革，中央の地方への関与のあり方，そして世界に例を見ない第三者的係争処理制度がどう運用されていくのかなどがそれである．

総量規制と行政の減量に関わる問題としては，「官から民へ」および「中央から地方へ」という「水平的減量」は政府の減量・スリム化になるが，独立行政法人などの垂直的減量は，いわば行政の周辺領域への膨張として見ることができる．これは，特殊法人と公益法人，政府公社，業界団体の膨張の傾向と同じ道を歩むかどうかは，個々の制度の詳細な設計と運用にかかっている．いずれの場合においても，行政組織とその外郭組織・団体との関係が重要な問題となる．もちろん，独立行政法人制度は減量だけを目的にしたものではないが，実施機能の効率化を追求するにしても，企画機能を有する行政組織との関係が重要である．

行政手続法，情報公開法の成立，パブリック・コメント制度の導入に象徴されるように，行政の透明性は，行政改革で大きな一歩を踏み出した．

しかし，いかなる情報が行政において蓄積され，そして公開されるのか，パブリック・コメントがいかに運用され意志決定の透明性を高めるのかなどの問題，さらに自立した諸個人がいかに積極的にこの透明性を高める改革に参加していくのかなどがいぜん課題となっているであろう．

「公共性の空間」が決して中央の「官」の独占物ではないと言える「21世紀型行政システム」の形成には，まださまざまな課題が残されている．

参考文献

阿部泰隆, 1997 『行政の法システム』全2巻, 有斐閣
足立忠夫, 1978 『職業としての公務員』公務職員研修協会
足立忠夫, 1989 『行政サービスと責任の基礎理論』公務職員研修協会
足立忠夫, 1990 『市民対行政関係論』公務職員研修協会
赤木須留喜, 1991 『〈官制〉の形成―日本官僚制の構造』日本評論社
行政改革会議事務局OB会, 1998 『21世紀の日本の行政』行政管理研究センター
畠山弘文, 1989 『官僚制支配の日常構造』三一書房
井出嘉憲, 1982 『日本官僚制と行政文化』東京大学出版会
今村都南雄, 1997 『行政学の基礎理論』三嶺書房
今村都南雄ほか, 1999 『行政学』北樹出版
伊藤大一, 1980 『現代日本官僚制の分析』東京大学出版会
ジョンソン, Ch., 1982 『通産省と日本の奇跡』TBSブリタニカ
菅直人, 1998 『大臣』岩波新書
片岡寛光, 1982 『内閣の機能と補佐機構』成文堂
真渕勝, 1994 『大蔵省統制の政治経済学』中央公論社
松下圭一, 1994 『戦後政治の歴史と思想』ちくま学芸文庫
松下圭一, 1998 『政治・行政の考え方』岩波新書
森田朗, 1988 『許認可と官僚制』岩波書店
森田朗編, 1998 『行政学の基礎』岩波書店
毛桂榮, 1997 『日本の行政改革』青木書店
村松岐夫, 1981 『戦後日本の官僚制』東洋経済新報社
村松岐夫, 1988 『地方自治』東京大学出版会

村松岐夫，1999 『行政学教科書』有斐閣
日本行政学会編，1999 年報行政研究34『行政と改革』ぎょうせい
西尾勝，1990 『行政学の基礎概念』東京大学出版会
西尾勝，1993 『行政学』有斐閣
西尾勝・村松岐夫編集，1994-5 『講座行政学』全6巻，有斐閣
岡田彰，1994 『現代日本官僚制の成立』法政大学出版局
大山耕輔，1996 『行政指導の政治経済学』有斐閣
小沢一郎，1993 『日本改造計画』講談社
佐藤功，1985 『行政組織法・新版増補』有斐閣
佐藤誠三郎・松崎哲久，1986 『自民党政権』中央公論社
城山英明ほか，1999 『中央省庁の政策形成過程』中央大学出版部
新藤宗幸，1992 『行政指導——官庁と業界のあいだ』岩波書店
田口富久治，1981 『行政学要論』有斐閣
高橋和之，1994 『国民内閣制の理念と運用』有斐閣
辻清明，1969 『新版・日本官僚制の研究』東京大学出版会
辻清明編集代表，1976 『行政学講座』全5巻，東京大学出版会
辻清明，1991 『公務員制の研究』東京大学出版会
山口二郎，1987 『大蔵官僚支配の終焉』岩波書店
首相官邸ホームページ　www.kantei.go.jp

〈コラム〉行政の新機構

　日本の中央省庁は2001年1月を期して，新しい1府12省庁体制へと移行する．省庁の数はほぼ半減し，大臣の数も15～17名程度に減ることになる．こうした組織の減量・スリム化の背景には，規制緩和，民営化，地方分権などを通じた行政の「水平的減量」や，内閣から業務の実施部門（造幣・印刷や国立病院など）や研究部門を切り離し独立行政法人化することによる「垂直的減量」などの流れが存在している．その一方で，総理大臣を直接補佐・支援する内閣官房，内閣官房の総合戦略機能を助け，横断的な企画・調整機能を担い，また予算編成や経済・財政運営において重要な役割を果たす経済財政諮問会議が置かれる内閣府，さらに総理大臣や内閣を補佐・支援し，行政の基本的な管理運営を担う総務省など二重三重の支援体制が築かれ，トップダウン的な政策形成や，集権的な調整メカニズムが指向されている．省庁の数を減らすということは，個々の官庁の巨大化，意思決定プロセスの内部化，情報の集中化をさらに進めることをも意味しており，より一層の行政の不透明化を招く恐れもある．更なる行政手続の透明化や情報公開の進展が必要とされる所以である．

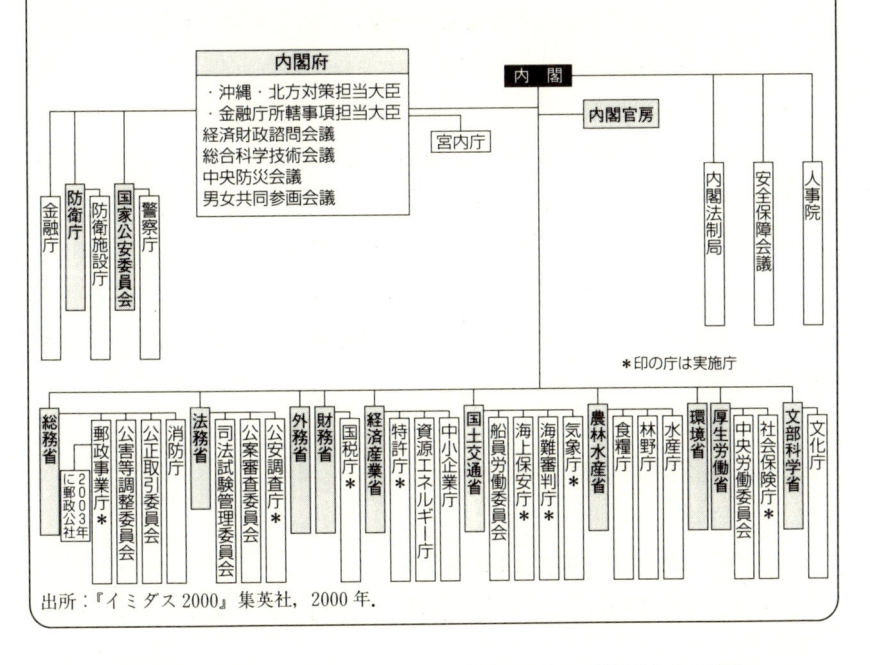

出所：『イミダス2000』集英社，2000年．

2 行政システムの再構築とその課題——51

3
福祉国家の変容と福祉社会

西村万里子

はじめに

　ますます高まる高齢化と厳しい財政制約の下，国民生活を支える社会保障制度は転換期を迎えている．急速な高齢化による社会保障費の増大と長期的な低成長経済への移行を背景として，社会保障・福祉サービス分野における政府責任を強調する従来の福祉国家的な政策理念は後退し，それに代わって，政府部門の縮小と市場原理の導入を政策基調とする理念が先進諸国において支配的となりつつある．

　本章では，まず現在進められている社会保障・社会福祉の構造改革の動きを概観し，次に改革の背景にある福祉国家の展開過程を振り返り，社会保障・福祉政策の理念および高齢化の捉え方について論点整理を行う．以上の検討を踏まえた上で，福祉国家の変容との関連で，「市場」と「国家」という伝統的二分法的思考を超えて，政府，市民，非営利組織の役割や相互関連について考察し，福祉政策・社会保障のあり方を考える新しい視点を提起したい．

1　社会保障の構造改革

社会保障・社会福祉構造改革の背景
　先進諸国では1980年代から社会保障・福祉政策の大規模な改革が実施

されているが，日本においても1990年代後半から社会保障および社会福祉の構造改革が進められている．

構造改革が必要とされる背景として，次の3点があげられている（丸尾, 1999）．第一に，1970年代初頭のオイルショックを契機として，国の財政赤字が深刻化し，1980年代のバブル経済の崩壊，1990年代以降の長期低経済成長などが重なり，財政状況の悪化が継続しているという点である．第二に，人口の少子高齢化の進展に伴い，社会保障に対するニーズと費用が増大することが予想される点である．これらは先進諸国に共通する問題であり，各国は低経済成長への移行による厳しい財政制約下で，増大する社会保障ニーズと費用への対応を迫られている．そして，社会保障サービスを効率的に提供する必要性をますます認識するようになっている．第三に，公共政策全般に対する政策理念の変化が社会保障・福祉政策にも変化をもたらしている点である．政府の市場介入を重視するケインズ主義的公共政策の理念の下で，生活保障全般における公的介入を特徴とする福祉国家が形成されてきた．しかし1970年代後半から1980年代には，政府活動の肥大化が批判の対象となり，政策基調が市場原理（競争原理）と小さな政府を重視する新自由主義へと変化して，社会保障・福祉政策の分野においても，市場化や民間活力の重視が先進諸国における共通の流れとなってきた．こうしたことを背景として，現在の社会保障・社会福祉の改革では，従来の制度の見直しのような部分的変更にとどまらず，制度の理念やあり方を変更する，根本的な改革が必要とされている．現在の改革が構造改革と称される理由である．

社会保障・社会福祉構造改革の内容

1990年代以降，社会保障構造改革と社会福祉構造改革が進められている（図1）．社会保障構造改革は社会保障関係審議会会長会議の検討をもとに，1996年11月19日『社会保障構造改革の方向（中間まとめ）』が提出され，その基本的方向にそって進められている．構造改革の方向は，第

図1 社会保障構造改革の考え方

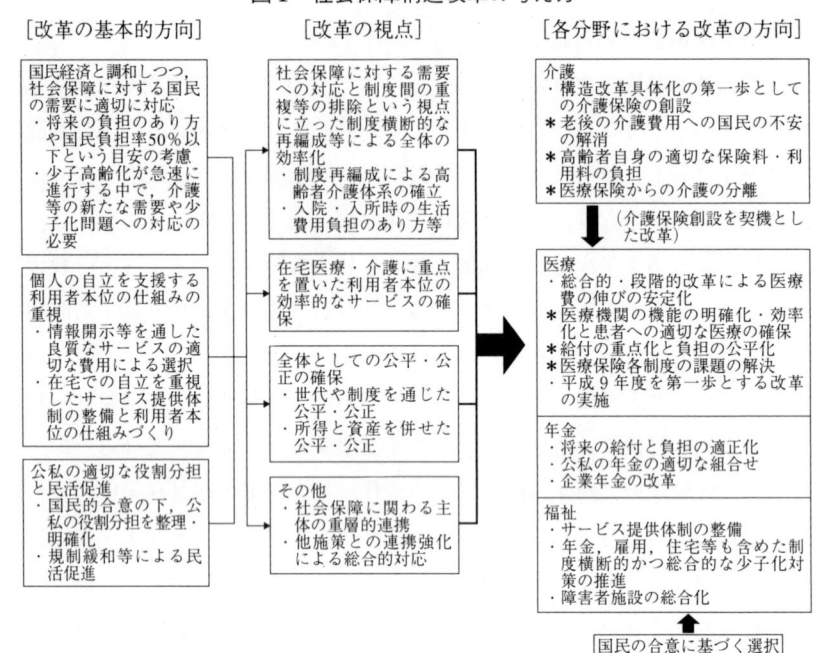

[改革の基本的方向]

- 国民経済と調和しつつ、社会保障に対する国民の需要に適切に対応
  - 将来の負担のあり方や国民負担率50％以下という目安の考慮
  - 少子高齢化が急速に進行する中で、介護等の新たな需要や少子化問題への対応の必要

- 個人の自立を支援する利用者本位の仕組みの重視
  - 情報開示等を通した良質なサービスの適切な費用による選択
  - 在宅での自立を重視したサービス提供体制の整備と利用者本位の仕組みづくり

- 公私の適切な役割分担と民活促進
  - 国民的合意の下、公私の役割分担を整理・明確化
  - 規制緩和等による民活促進

[改革の視点]

- 社会保障に対する需要への対応と制度間の重複等の排除という視点に立った制度横断的な再編成等による全体の効率化
  - 制度再編成による高齢者介護体系の確立
  - 入院・入所時の生活費負担のあり方等

- 在宅医療・介護に重点を置いた利用者本位の効率的なサービスの確保

- 全体としての公平・公正の確保
  - 世代や制度を通じた公平・公正
  - 所得と資産を併せた公平・公正

- その他
  - 社会保障に関わる主体の重層的連携
  - 他施策との連携強化による総合的対応

[各分野における改革の方向]

介護
- 構造改革具体化の第一歩としての介護保険の創設
- 老後の介護費用への国民の不安の解消
- 高齢者自身の適切な保険料・利用料の負担
*医療保険からの介護の分離

（介護保険創設を契機とした改革）

医療
- 総合的・段階的改革による医療費の伸びの安定化
*医療機関の機能の明確化・効率化と患者への適切な医療の確保
*給付の重点化と負担の公平化
*医療保険各制度の課題の解決
- 平成9年度を第一歩とする改革の実施

年金
- 将来の給付と負担の適正化
- 公私の年金の適切な組合せ
- 企業年金の改革

福祉
- サービス提供体制の整備
- 年金、雇用、住宅等も含めた制度横断的かつ総合的な少子化対策の推進
- 障害者施設の総合化

国民の合意に基づく選択

出所：厚生省監修（1999）『平成11年版厚生白書』ぎょうせい、p. 344.

一に、これまでの縦割り制度による無駄、重複を省き、制度横断的な再編成によりニーズに対応しつつ全体の効率化を図ること、第二に、地域で自立した生活を送ることを重視し、個人の自立を支援する利用者本位の仕組みを確立すること、第三に、公私の適切な役割分担と民間活力の導入を促進すること、である。第四に、高齢者世代と現役世代の世代間の公平、資産の有無や給付と負担の公平など、全体としての公平・公正の確保である。第三の方向について付言すると、基礎的・基盤的な需要に対しては公的に保障し、それを超える部分については個人が民間サービスを選択する仕組みを作る考え方で、民間活力を導入することによって、社会保障・福祉サービス供給に競争が導入され、供給の効率化と個人の選択が図られることが期待されている。

社会福祉構造改革は社会保障構造改革の中に位置づけられているもので，社会保障構造改革の方向が提出された後，その方向が決定された．改革の方向は1997年11月に提出された『社会福祉の基礎構造改革について（主要な論点）』（社会福祉事業の在り方に関する検討会）に基づいて，1998年6月に中央社会福祉審議会構造改革分科会から発表された『社会福祉の基礎構造改革について（中間まとめ）』にまとめられている．改革の方向は大きく3点にまとめられる．第一に，利用者本位，自己決定，措置から契約への移行を通じて，利用者と提供者の対等な関係を確立すること，第二に，良質で効率的な福祉供給体制を充実すること，である．そうした供給システムの確立は，規制緩和による多様な供給主体の参入促進と専門性の確立，基準設定と評価，情報開示，苦情処理制度等の確立を通じて，供給の効率化とサービスの質の向上が図られることによって可能となると考えられている．さらに第三に，医療と福祉を総合化した地域福祉を確立することで，ここには住民の積極的な参加の視点も含まれている．

　いずれの構造改革においても，市場化による供給の効率化，利用者本位，福祉多元化・ミックス，公平性が重視され，さらに福祉改革では住民参加，地域福祉など，地域住民の相互扶助の視点が加えられている．効率化，市場化・民間活力の導入，そのための規制緩和という改革の基本的方向は，経済全体に対する財政構造改革の方向と共通しているもので，社会保障・福祉の構造改革が財政構造改革の一貫として進められていることが了解される．社会保障・福祉改革がその個別分野にとどまらず全体の経済・財政改革の中で位置づけられていることは，1990年代の社会保障・福祉構造改革の特徴であると同時に，先進諸国の改革における共通点の一つでもある．

　財政構造改革については，1995年3月に「規制緩和推進5カ年計画」が閣議決定されたが，全体の項目のうち約4分の1が厚生省関係を対象としていた．『社会保障構造改革の方向（中間まとめ）』が提出された1996年11月と同時期には，『財政構造改革白書』（財政制度審議会監修）が刊

行され，その中で社会保障の構造改革は財政構造改革の重要項目として取り上げられている．審議会の方向に基づいて1997年6月に「財政構造改革の推進について」が閣議決定され，同年11月に財政構造改革法が成立した．ここでは2003年までに財政赤字の対GDP比を3%以下とすることが決定され，社会保障の分野でも社会保障関係費等の削減が盛り込まれた．1997・1998年度がマイナス成長となり，財政構造改革法は一旦停止となっているが，改革の基本的方向は継続されている．それゆえ，1999年2月に経済戦略会議が提出した『日本経済再生への戦略』も医療・介護,保育，年金等の分野は経済再生の重要な分野と位置づけ，同年3月の「規制緩和推進3カ年計画」の改定も福祉などの社会的規制とされてきた分野も規制緩和の対象とすることを明記するようになっている．

2　福祉国家の変容

社会保障制度のあり方を考える視点を提起するために，まず福祉国家の展開と特徴について，社会保障・社会福祉の構造改革と関連づけながら，論点整理を行いたい．

福祉国家の形成と政府の拡大

政府が社会保障制度を通じて国民生活を保障する考えが登場する以前の伝統的社会では，疾病や貧困，介護や育児等の生活機能は，家族や親族，地域共同体によって担われてきた．資本主義の発展の初期段階で，こうした共同体が解体して大量の貧民が発生するようになり，政府には貧困に対応する必要が生じたので，救貧法（公的扶助の原型）の導入によって，まず救貧事業が開始された．これは救貧に対して国家が保障を開始したという点で，福祉国家形成に至る一つの起源となる．

その後産業革命を経て資本主義が進展するに伴い，疾病や失業による労働者の貧困が新しい社会問題となった．こうした労働問題に対して，各種

の相互扶助組織や共済組合が形成されたが，相互扶助活動には限界があるため，政府が工場法（労働基準法の原型）を導入して，労働条件を保護する労働者保護政策にのりだす．

さらに独占資本主義段階になると，職場における労働者保護政策に続いて，労働力再生産の場である家庭，すなわち生活分野への対応も必要となってきた．政府は，生活分野における共済組合や相互扶助組織の限界を補完して，公的な社会保険制度を導入した．社会保険制度の仕組みは疾病，失業等のリスクに備えて拠出・給付するので，拠出と給付の対応関係を通じて，半自動的に給付の権利性をもつことになる．そのため社会保険制度の導入を通じて，政府は救貧による貧困の事後的救済に責任を有するというだけでなく，貧困の発生を防ぐ予防的な仕組みの創設にまで，政府は責任を有するようになったといえる．

すなわち，こうした社会保険制度の導入は，貧困の事後的救済から事前的予防へ，職場中心の労働者保護政策から生活保障政策へと，政府活動の機能と領域が拡大したことを意味している．社会保険導入は，福祉国家形成に至るもう一つの起源と位置づけられるのである．その後社会保険は対象を労働者から国民全体に拡大していく．

社会保障制度を中核とする福祉国家形成の直接的契機となるのは，20世紀初頭の大恐慌と第二次世界大戦である．20世紀初頭の大恐慌による大量失業の出現は社会保険の機能を破綻させ，失業や貧困は市場では調整できないことが露呈される．そうした市場の失敗が認識された結果，政府が積極的に完全雇用政策や生活保障政策を実施することの重要性が高まり，大量失業に対応するために，それまで別々に発展してきた社会保険と公的扶助の制度を統合する，新しい社会保障制度の仕組みが創設された．続く第二次世界大戦では，経済，福祉等の生活全ての分野で政府の管理領域が拡大し，中央集権的な画一的なサービスの供給体制が確立して，福祉国家を形成する要件が整うことになる．

こうして大恐慌と世界大戦という二つの決定的な影響を受けて，生活保

障全般に対する政府の公的介入を重視する福祉国家が形成されていった．福祉国家の基礎となる政策理念は，政府の市場介入を重視するケインズ主義的公共政策の理念であるが，1960年代にかけて，高度経済成長による豊富な財源を背景として，社会保障制度の対象領域の拡大と給付水準の上昇が図られ，政府活動は膨張を続けた．このように形成されてきた福祉国家が，それまで家族や地域共同体が担ってきた生活機能を代替する形で展開している点には，留意する必要がある．

福祉国家の危機と政府の失敗

1970年代に入ると，石油危機を契機として低経済成長への移行が始まり，福祉国家の財政のあり方に影響を与えた．福祉国家の財源を支える収入が減少して，政府活動の必要以上の拡大，とくに社会福祉，医療等の支出が増大していることが指摘され，福祉政策と福祉国家のあり方に対して批判が高まった．この時期が福祉国家の危機と称される時期である．こうして1970年代後半から1980年代には，公的部門の非効率や過剰な給付水準等，肥大化した政府活動の問題が，人口高齢化の問題と相俟って，認識されるようになる．

政府の失敗が認識されたことで，公共政策の理念も，政府介入を重視するケインズ主義的な理念から小さな政府を重視する新自由主義へと変化し，市場の機能や規制緩和の効果が注目された．その結果社会保障・福祉政策の分野でも，市場化や民間活力を重視して，政府機能を抑制する動きが台頭してきた．日本でも，1970年代の財政危機を契機に，行財政改革による規制緩和の中で「活力ある福祉社会」が掲げられ，福祉サービス供給における家族や民間活力の役割を重視して，政府活動を縮小する方向が主張されるようになった．

こうして，従来の福祉国家のあり方には限界があることが認識されるようになる．主要な限界として指摘されているのは，第一に，高齢化の進展等に伴う費用の増大と低成長への移行により財政的な量的限界が生じてい

ることである.高度成長時のような拡大する財源を基礎として,政府が生活保障を拡大する従来の方法を維持することは困難になっている.第二に,生活水準が向上して福祉のニーズや需要が多様化したことを背景として,政府の画一的なサービス供給ではニーズを充足できなかったり,中央集権的な生活保障の仕組みでは利用者の選択や決定が軽視される傾向があるという質的な限界である(武川,1998a).こうした従来の福祉国家のもつ限界が認識され,新しく福祉社会の考えが登場してきている.

福祉国家から福祉多元主義,福祉社会へ

市場も失敗し,政府が生活保障に対して全面的に公的介入することの弊害,すなわち政府の失敗も認識されるようになると,従来の福祉国家の体制の下で政府が担っていた機能は,多元的な主体が相互補完的に担う必要があると考えられるようになってきた.政府に加えて,家族,企業,非営利組織等の多元的な主体が社会で諸機能を担う福祉システムのあり方は,福祉多元主義,福祉ミックスと呼ばれる.

従来の福祉国家は市場と政府部門の混合経済化であるが,従来の福祉国家モデルでは,政府がもっぱら福祉サービスの財源と供給に対して責任を有しており,サービスの主たる供給主体は政府部門であり,供給主体の多元化は限定的である.しかし,福祉多元主義の考え方の下では,政府は必ずしも主たるサービスの供給主体である必要はなく,財源と供給の分離の下で,政府,企業,非営利組織,家族など多様な部門の最適ミックス・混合化が追求されるのである.福祉国家の展開の中で,現在は,政府が全面的に介入する福祉国家から,多元的な主体が相互補完的に役割を果たす福祉多元主義への変化の過程にあるといえる.さらに,市民参加を基礎とした福祉供給システムを「福祉社会」と呼ぶことがあり,市場でもない国家でもない非営利組織(NPO)が福祉社会を形成する役割が期待されている.

このように福祉国家が変容する中で,日本や先進国では社会保障・福祉

政策の改革が進められているが,そこで重視されているのは市場化,福祉多元主義・福祉ミックスの方向である.新自由主義の流れの中で,改革の方向として,市場化による効率化の面が重視されすぎて,政府を縮小して市場に委ねれば問題が解決する,公的介入である福祉給付を抑制するという面だけが強調されがちになっている.

しかしながら,全面的な政府介入から多元主義へ変化するとしても,政府機能が福祉国家以前に戻り単純に縮小すればよいのではないことが指摘されている(武川,1998a).なぜなら福祉国家は,市場で調整できない市場の失敗に対応して政府が公的に介入することによって,形成され発展してきたからである.この点は今後の政府機能を考える上で注意する必要がある.

3 高齢化と社会保障・福祉政策

1980年代からの社会保障・福祉改革では,財政改善が緊要な政策課題となり,社会保障・福祉の費用を増大させる高齢化や社会保障・福祉充実に対して否定的な見解が強調される傾向にある.そこで,次に高齢化と社会保障・福祉政策との関連について論点整理をしてみたい.

高齢化をめぐる議論の矛盾

高齢化をめぐる議論は高齢化が本格的に認識される1970年代以降から始まる.通常の高齢化の把握では,1970年代から高齢化が進行し,1985年になると65歳以上の老年人口が10%を超える水準に達して,2010年になると20%を超え,さらに2050年には30%を超える水準でピークに達し以後は横ばいの水準になると予測されている(厚生省社会保障・人口問題研究所(1997)『日本の将来推計人口』).また日本の人口高齢化を国際比較すると,日本は1970年代までは高齢化の進行が遅く高齢先進国の水準には達していないが,今後急速に高齢化が進行して,2000年には先進6

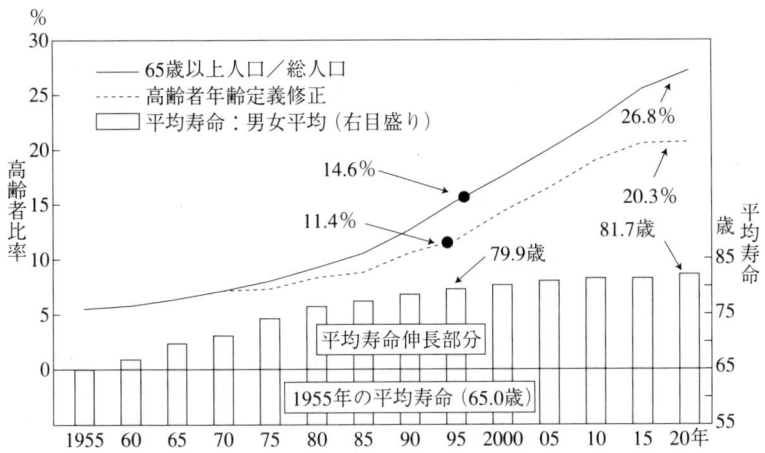

図2　平均寿命にリンクした高齢者比率

凡例：
― 65歳以上人口／総人口
‑‑‑ 高齢者年齢定義修正
□ 平均寿命：男女平均（右目盛り）

データラベル：14.6%、11.4%、26.8%、20.3%、79.9歳、81.7歳
「平均寿命伸長部分」
「1955年の平均寿命（65.0歳）」
横軸：1955, 60, 65, 70, 75, 80, 85, 90, 95, 2000, 05, 10, 15, 20年

注：1995年以降の65歳以上の年齢層における平均寿命の上層幅に合わせて，高齢者となる年齢を引き上げた場合の高齢者比率．
　　1995年以降推計値．将来推計人口は厚生省人口問題研究所低位推計．
資料：総務庁統計局『人口推計資料』．
　　　厚生省統計情報部『完全生命表』．
　　　厚生省人口問題研究所『日本の将来推計人口——平成4年9月推計』．
出所：八代尚宏・伊藤由樹子（1995）．

カ国の中で最高水準になると予想された．

　高齢化の議論はこうした把握に基づいて，1970年代半ばから徐々に高齢化のマイナス面と社会保障・福祉政策の負担面が強調されるようになった．高齢化と社会保障・福祉政策のマイナス面が強く認識された背景には，それまでの高齢者の捉え方と高齢者政策のあり方が関連している．

　戦後から高齢化が本格的に認識される1970年代までの高齢者政策では，高齢者が経済的・社会的・身体的に弱者であり，高齢者問題は弱者としての社会的問題であるとして実施されてきたので，高齢弱者に対する社会保障や福祉政策の充実が高齢者政策の課題であった．そこでは，高齢者はもっぱら社会保障制度によって支えられる受動的存在として位置づけられていた．1970年代初頭以降，低経済成長への移行と高齢化の進行による社会保障費の急増が同時に生じるようになると，高齢者を受動的な存在とし

て位置づける考え方は，高齢者を経済的重荷とみなし，社会保障・福祉政策も負担としてだけ捉える傾向を生じさせた．そのため高齢化と財政問題が深刻化するにつれて，社会保障制度や福祉政策を抑制する視点が強められることになったのである．

しかしながら，危機的側面を強調して公的保障の抑制を主張する議論について，批判的な検討もなされてきた．批判点は四つにまとめられる．第一は，高齢化の定義についてで，65歳以上を老年人口，15歳から64歳までを生産年齢人口として，年齢で区分してきた点である．高齢化は長期的な期間で生じ平均寿命が伸張していくので，平均寿命の伸張を考慮して高齢者を弾力的に区分する必要があるという批判である（図2）．高齢者を平均寿命と関連させて実態に近いものとして捉えると，将来の老年人口比率の上昇も通常示されるほど増大しない予測になる．第二は，高齢者の扶養負担の捉え方で，扶養負担の指標には通常老人扶養負担（生産年齢人口（15-64歳）／老年人口（65歳以上））を使用して，1970年には9.76人，1980年には7.44人で1人の高齢者を扶養していた水準が2020年には2.82人で1人を扶養すると推計される．しかし，高齢者以外に扶養対象となる子供の年少人口を含む従属人口扶養負担（生産年齢人口／非生産年齢人口（老年人口＋年少人口））や，高齢者と生産年齢人口の中にも就労者と非就労者がいる点を考慮した非労働力人口扶養負担（非就業人口／就業人口）の方が扶養負担の実態を表すのに適切であると指摘されている（里見，1983）．実態に近づけた指数では，扶養負担が急速に増大するという推計にはならない．

第三に，高齢化による扶養負担の増大という危機的状況が過度に強調されて，公的な社会保障や福祉政策の抑制，政府の失敗が指摘され，政府の縮小を主張する方向が強いという批判である．そのため社会保障・福祉の改革では，抑制目的だけが目立つ結果となっている．第四に，高齢化の危機を前提として社会保障・福祉の抑制を展開する主張には，高齢化が経済成長に及ぼすマイナスの影響を強調し，社会保障を負担としてだけ捉える

議論が背景にあるという点である．通常高齢化では，就業人口が減少するため経済成長にマイナスの影響をもつとみられるが，高齢化以外の要因，例えば就業者数の増加，高齢者や女性の就業率の上昇，労働生産性の上昇等も考慮にいれる必要がある．また，税と社会保険料を合計した国民負担率の指標が使用されて，通常社会保障は一方的な負担として捉えられるが，この捉え方には，社会保障の給付面や本来の意義を見落としていると批判がなされている．

高齢者・高齢化の新しい捉え方

高齢者を年齢で一律に捉え，社会・経済的弱者として受動的な存在と位置づけてきたこれまでの捉え方に対して，近年，高齢者・高齢化の捉え方に変化が生じている．新しい高齢者観では，高齢者の所得や資産保有率は全体平均でみると決して低くなく，また健康度が高く仕事能力をもち就業する者もいるなど，高齢者には健康水準と仕事の能力，資産・所得水準に大きな内部格差があるというものである．高齢者の実態把握には，こうした格差を考慮する必要があることが指摘されている．高齢者把握の変化は，政府報告書（厚生省（1999）『平成11年版厚生白書』）等でも表れてきている．

捉え方の変化は高齢者像の実態の変化を背景としている．2000年までは地方での高齢化が都市部を上回っているが，2010年以降は団塊の世代が一挙に高齢化するため，都市部での高齢化が地方を上回る状況となる．都市部での団塊の世代を中核とする高齢化に伴って，それまでの自営業を中核とする地方の高齢者像とは異なる都市型の高齢者像が現れることが予想されている（宮島，1997）．都市型高齢者は，企業の被用者を中核として活発な職業経験，生活経験を持つなど，受動的とされてきた高齢者が社会における能動的な参加者になるとみられている．

社会保障・福祉政策の経済効果と捉え方の変化

高齢化の捉え方の変化に伴って，高齢化の経済成長への効果や社会保

障・福祉の経済効果，本来の意義についても積極的な評価がなされるように変化してきた．高齢化の効果は，高齢者の就業率の上昇が予想されること，高齢者の消費水準はそれ以外の年齢層より高いので需要増大効果が予想されること，医療福祉等の高齢者関連産業が高い成長と雇用創出効果を期待できる分野であることである[1]．社会保障・福祉の経済効果は産業連関表の分析を用いて考察され（医療経済研究機構，1996），医療・保健衛生，社会保険事業，社会福祉の社会保障部門及び関係部門の産業規模は，国内政策額に大きな割合を占めるとともに伸び率も高いこと，他産業への生産波及効果は全産業平均と同程度の水準であるが，消費を通じた間接的波及効果では全産業平均より高い水準になること，社会保障部門は労働集約的産業であるため高い雇用創出をもつことが明らかにされている．

また社会保障・福祉政策の機能や意義についても，捉え方の変化が生じている．社会保障・福祉政策の形成時期には，社会保障制度の経済的・社会的効果が認識されて，負担面だけの把握ではなかった．しかしながら1970年代半ば以降，社会保障・福祉政策など政府の介入については，その失敗の側面に偏ってみる立場が強くなり，社会保障は市場機能を損ない経済成長にマイナスの影響をもつとして，負担としてだけ認識されるようになってきた．その結果，社会保障の抑制策のみが目立つようになったが，近年その捉え方に変化が生じている．福祉国家は市場の失敗に対応して政府が公的に介入して形成されてきたことからも，社会保障・福祉政策は本来市場の是正や補完の役割を果たす経済的な効果をもつことが問い直されている．

4　福祉社会における政府，市民，非営利組織

それでは，福祉国家が変容し，供給主体の多元化が進行する中で，政府，非営利組織にはどのような役割があるのか，そして市民はそれらとどのように関わるのであろうか．

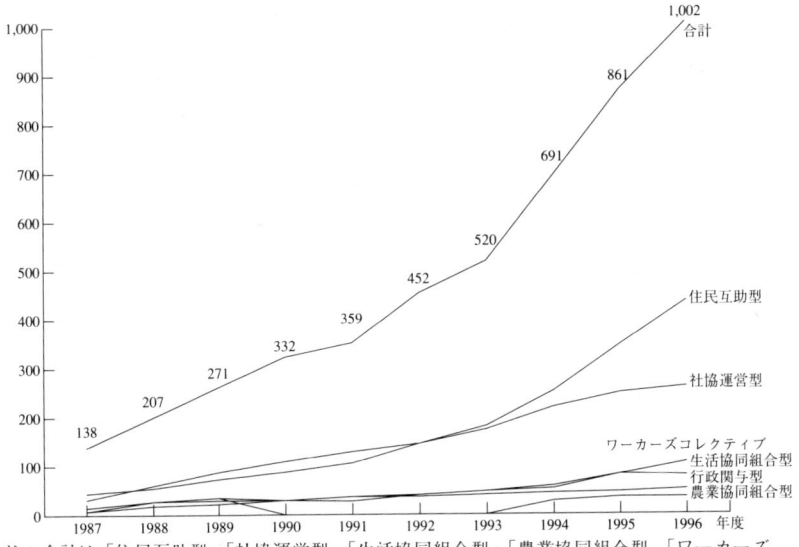

図3　住民参加型在宅福祉サービス団体の推移

注：合計は「住民互助型」「社協運営型」「生活協同組合型」「農業協同組合型」「ワーカーズコレクティブ」「行政関与型」の他，「施設運営型」「ファミリーサービスクラブ」「その他」の合計．
資料：全国社会福祉協議会調べ．
出所：厚生省（1998）『厚生白書平成10年版』ぎょうせい．

非営利組織の可能性

　3節でみたように，高齢者像は，受動的な高齢者像から活発に活動する能動的な高齢者像へと変化することが予想される．生活水準の上昇や高齢社会の進行に伴って，個人の欲求やニーズは，多様化し，新しいサービスや納得したサービスを求める能動的な意識をもつように変化し始める．そうすると人々の協同の形にも変化が生じ，従来の地縁的な地域共同体に埋没した協同や連帯ではなく，自立的な個人が目的ごとに様々な非営利組織や社会活動に参加することを通じて，新しい相互扶助の形を地域社会に求め始める．地域や社会活動への参加は1970年代には主婦等の女性が中心であったが，1980年代末頃から退職高齢者等の男性の参加も進んでいる．

図4　非営利組織とウェルフェア・トライアングル

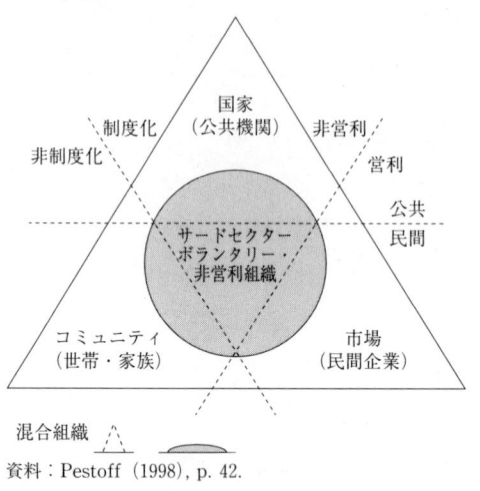

```
            国家
         (公共機関)
   制度化 /    \ 非営利
 非制度化/      \ 営利
       /         \
   ───/  サードセクター \─── 公共
     /  ボランタリー・  \   民間
    /    非営利組織     \
   /                    \
  /──────────\
 コミュニティ         市場
 (世帯・家族)       (民間企業)

    混合組織
```

資料：Pestoff（1998），p. 42.

市民を中核とした民間非営利組織（NPO）は政府部門，民間営利部門と並ぶ多様な主体の一つとして拡大しているが，社会福祉分野，とりわけ在宅福祉分野において，非営利組織が急増している（図3）．住民参加型在宅福祉サービスの組織としては，地域住民の参加を基本とした住民互助組織や市区町村社会福祉協議会，生活協同組合，農業協同組合，ワーカーズコレクティブ，福祉公社，社会福祉施設等がある．ボランティア組織や協同組合など広義の非営利組織は，地域の高齢化に対応した介護ニーズなど，地域のニーズを充足するために，地域を基盤として地域住民によって運営される組織である．基本的に，相互扶助原理によって支えられている．

従来の政府か市場かという二分法的思考による説明では，こうした非営利組織の意義は十分に位置づけられてこなかった．通常の非営利組織の位置づけは，市場でもない政府でもない部門として，あるいは営利ではない非営利として，中間的なものや残余として理解されている．しかしながら近年，非営利組織を積極的に位置づける試みがみられる．非営利組織を明確に位置づける理解では，制度化され公共で非営利である政府，制度化され民間で営利である市場（民間営利企業），制度化されておらず民間で非営利である世帯や家族の部門について，非営利組織は制度化され民間で非営利という独自の部門として描き出されている（図4，Pestoff, 1998）．世帯や家族など制度化されていない部門を除くと，制度化された部門の中で

は，非営利部門は第一部門の政府，第二部門の市場についで，第三部門（サードセクター）に位置づけられることになる．

非営利組織には政府部門や民間営利部門と比較して，次のような特徴や役割があると考えられる．第一に，地域のニーズを充足するために，地域住民によって運営されているので，利用者や住民が供給主体の運営に参加しやすい仕組みをもつ点である．画一的な政府の供給の欠点を克服するためには，民間営利部門と非営利部門の両部門で対応することができる．しかしながら，民間営利部門では利潤目的のために，福祉サービスの価格は据え置いたまま質を低下させる可能性があるが，通常市場では，利用者はサービスの購入を止める，すなわち市場から退出することでしか意思表示をする仕組みがない．施設入居や在宅サービスの福祉サービス購入など，サービスの契約が解消しにくく，市場からの退出が容易でない場合には，利用者がサービス内容や質に対して容易に苦情や意見を発言できることが重要となる．したがって，福祉サービスの分野では，非営利組織や協同組合等の組織が住民が参加しやすい仕組みであることから，民間営利部門と比較して優位な特徴をもつ．第二に，必ずしも雇用労働を望まない人に対して，サービスの担い手になる場を提供する点である．無償あるいは若干の報酬を伴ったボランティア活動から，後述する労働者協同組合のような「雇われない働き方」まで多様な関わり方を提供している．第三に，非営利組織はサービスの供給主体としてだけでなく，政府や自治体に対して政策提言も行える点である．非営利組織に参加することは自治体等の政策過程への参加の一つの経路となる．第四に，非営利組織は地域を基盤として作られる場合が多く，住民の参加に加えて自治体も関わることがあり，非営利組織を中核として，新しい地域での相互扶助的つながりや行政と住民との新しい連携が可能となる．第三および第四の役割は市民参加を促進する機能となる．

介護や社会福祉の分野では，住民参加型組織の一つで，労働者によって所有・運営されている労働者協同組合（ワーカーズコープ，ワーカーズコ

レクティブ）の形態が着実な発展をみせている．こうした動きは福祉の市場化が進んでいるイギリスでもみられる．

　日本では，神奈川県を中心として介護分野の労働者協同組合が発達し，地域社会において介護サービスの供給主体として重要な役割を担っている（塚本，2000）．労働者協同組合はサービスを提供する者が会員となり組織を形成し所有・運営するが，通常利用者が会員になるのは任意である．神奈川県では，1985年に地域での助け合いを目的に最初の家事介護の労働者協同組合グループたすけあいが設立されて以来，労働者協同組合は着実に増加している．生活クラブ生協を母体として設立された在宅福祉の労働者協同組合が58団体あり（1999年8月），家事介護，食事サービス，移動サービスを供給している．最も多いのは家事介護サービスの団体で（39団体），主にパートタイムの女性就労によって提供されている．こうした協同組合組織では，乳幼児・妊産婦のいる若年世帯や共働き世帯へのサービス提供など，政府の提供するサービスに比べて内容の範囲が広く時間も弾力的である．一方で，会員である労働者が組織運営の決定過程に参加するため主体的な就業が可能な仕組みである．また生活クラブ生協の社会運動と連動しながら，組織が自治体の福祉政策への提言を行い，福祉政策の形成過程に影響力を及ぼす機能ももっている．

福祉社会における市民の参加・主体的な関わり

　福祉社会においては多元的な主体が相互補完的に役割を果たすことになるが，市民はどのような関わり方ができるのであろうか．福祉社会において参加は重要な概念であるが，社会保障・福祉における参加の形態は政治参加と社会参加に分類される[2]．

　まず政治参加として，第一に，制度・政策の決定過程，計画立案への直接的参加があり，これは中央集権的な官主導ではなく市民の意思決定を重視した民主主義的な決定を可能とする．生活保障の仕組みは制度や政策を通じてなされるので，決定過程において市民のニーズや意思が把握され反

映されることが重要で，市民が政策決定，計画立案に日常的に参加する仕組みを制度として作ることが必要である．これまで日本では政策決定過程や計画立案過程への参加づくりは遅れた領域であったが，介護保険法では介護保険事業計画の計画策定にあたって，住民参加を市町村に義務づけることが法律の中で初めて明記された．

　第二に，組織的な圧力活動への参加がある．非営利組織の活動には中央政府や自治体等に政策提言をする機能もあり，非営利組織への参加を通じて，市民は政策決定過程や評価過程に間接的に参加することが可能となる．

　次に社会参加として，第一に，サービス供給過程への供給者としての参加がある．非営利組織に供給主体として参加することで，一方的なサービスの受け手であった市民が供給者として社会保障・福祉政策に関わることができる．社会参加の第二の形態は，サービスの運営・供給過程や評価過程における利用者としての参加や市民の参加で，こうした参加を通じて供給者本位から利用者本位への転換が促進される．前項でふれた介護分野での神奈川の労働者協同組合の事例では，利用者や家族も組織の運営に参加することも認めている組織が多い（塚本，2000）．市民は各人の目的に応じて様々な組織に参加し，政治参加や社会参加は非営利組織への関わりを通じて実現する部分も大きい．非営利組織は，参加を基盤として新しい地域的つながりを提供している．

福祉社会における政府の役割

　1節でみたように，社会保障・福祉改革の基本的な方向は市場化，福祉多元主義の方向である．これは市場化，民営化によって多様な供給主体を導入して，サービス供給に競争を導入し，効率化を図ろうとするものである．こうした改革では新自由主義の流れを背景として，市場化による効率化の面が重視されて，政府機能を縮小する面が強調されやすい．たしかに，サービス供給面において，民間営利企業や非営利組織を活用するなど，政府の直接管理の業務は減量している．

しかしながら，社会保障・福祉政策における市場化では，需要側（国民）に対して社会保障や福祉制度の給付や補助を維持し，財源は公的に保障しつつも，供給側に市場原理を導入する「準市場」方式が採られている．日本の介護保険制度の導入でも，準市場方式が使われている．社会保障・福祉分野の市場化には，経済分野の市場化とは異なる方法が必要とされ，市場と政府の最適な組み合わせが重要である．

福祉の多元化が進行しても，政府機能は需要側に対する給付等の保障において依然として必要とされるのみならず，市場は非営利部門においても必要とされている．市場部門では，市場を適切に機能させる仕組みとして，消費者の選択や権利を確保する枠組み作り（代理人制度，苦情処理制度，政策決定・評価過程への参加制度等），サービス供給の質の監視や規制制度の確立，個人の自立を支えるセイフティネット的な最低生活保障などが，新しい政府機能として要請されている．また，非営利部門でもその拡大は政府の給付・補助や支援に支えられたものである．さらに福祉国家が市場の失敗に対応して公的に介入することによって形成されてきたという歴史的過程を考慮すると，政府は市場や非営利部門との関係で重要な役割を果たしていることがわかる．市場には，競争による所得格差をもたらしたり，消費者の情報欠如のため市場が機能しなかったりという限界があり，非営利部門には，任意ゆえに恣意性があったり，普遍性や権利性が失われているという限界があるからである．したがって，全面的な政府介入から多元主義へ変化するとしても，政府機能は役割を喪失するのではないと理解されている（武川，1998a）．

市場と政府の役割や相互関係については，近年公共経済学や公共政策，福祉国家論，社会保障論，政治経済学などの領域で研究がなされている．これまでの社会保障・福祉政策は市場を代替するあるいは抑制するものとして，市場と政策は対立的に捉えられてきたが，公的介入である社会保障・福祉政策は市場の失敗を是正し，市場の効率化を促進する補完的機能をもっている側面を無視してはならないことが論じられている．すなわち，

市場には何らかの制度やルールが組み込まれなければ，市場は安定的に機能しないもので，社会保障・福祉政策や公私の役割を考える場合，政府機能が市場や経済，非営利部門に対して積極的な役割をもつ側面に注目する必要があると指摘されている[3]（広井，1999，金子，1997，武川，1998a）．

　非営利組織，市民，政府のそれぞれの役割や関わり方をみてきたが，市民の福祉分野との関わりには，政策の決定過程や計画立案への参加，組織的な圧力活動への参加，サービス供給者としての参加，サービスの運営・供給・評価過程における利用者参加がある．福祉分野において，市民はこれまで受動的な存在であったが，これからの市民の役割には，各人の目的に応じて様々な形で福祉社会と関わり，能動的な参加者として福祉分野と関わりをもつことが求められる．

　こうした市民の福祉分野との関わり方のうち，政治参加の間接的形態や社会参加の二つの形態にみられるように，市民の参加は非営利組織への参加によって実現しうる形態も多い．したがって，非営利組織にはサービスの供給主体としてだけでなく，市民が社会保障・福祉分野に関わりをもつ過程や新しい地域作りにおいても重要な役割を果たすことも期待されている．このように市民や非営利組織が主体な関わりをもつ中で，これからの政府の役割として要請されるのは，市場を適切に機能させる規制の仕組みや，市民の自立を支え参加を日常化する仕組みを形成する基盤整備である．

　　注
　1）　高齢化に関連する経済的効果については，新経済計画，1995『構造改革のための新経済計画』や産業構造転換・雇用創出本部，1999『雇用創出が期待される各分野における取り組みについて』などで指摘されている．新しい高齢化の捉え方，高齢者観については西村（2000b）を参照されたい．
　2）　社会保障・福祉政策における市民参加に関する区分や議論については，武川（1996，1998b），伊藤（1996），堀越（1997）で論じられている．
　3）　社会保障・福祉政策がもつ市場の維持促進機能については広井（1999）が，全体的分野を対象に政府の介入政策全般がもつ市場促進機能の重要性

については青木・奥野・岡崎（1999）が論じている．また近年の社会保障・福祉改革における市場機能促進の側面について，西村（2000a）がニュージーランドの高齢者福祉改革を事例として検討しているので，参照されたい．

参考文献

青木昌彦・奥野正寛・岡崎哲二編，1999 『市場の役割国家の役割』東洋経済新報社

Evers, A., Wintersberger, H. eds., 1990 *Shifts in the Welfare Mix : Their Impact on Work, Social Services, and Welfare Policies*, Campus Verlag

広井良典，1999 『日本の社会保障』岩波書店

堀越栄子，1997 「9章社会サービスと市民参加」玉井金五・大森真紀編『社会政策を学ぶ人のために』世界思想社

医療経済研究機構，1996『医療と福祉の産業連関分析報告書』

伊藤周平，1996 「社会福祉における利用者参加」社会保障研究所編『社会福祉における市民参加』東京大学出版会

金子勝，1997 『市場と制度の政治経済学』東京大学出版会

加藤寛・丸尾直美編，1998 『福祉ミックス社会への挑戦―少子高齢化を迎えて』中央経済社

川口弘・川上則道，1989 『高齢化社会は本当に危機か』あけび書房

川口清史・富沢賢治編，1999 『福祉社会と非営利・協同セクター――ヨーロッパの挑戦と日本の課題』日本経済評論社

川口清史，1999 『ヨーロッパの福祉ミックスと非営利・協同組織』大月書店

河野真，1998 「福祉多元主義のゆくえ」『季刊社会保障研究』Vol. 34 No. 3

丸尾直美，1999 「社会保障の構造改革と介護保険」『社会福祉研究』75号，1999. 7

宮島洋，1997 『高齢社会へのメッセージ』丸善ライブラリー

西村万里子，2000a 「高齢者福祉―改革における市場化と政府の役割」小松隆二編『世界の社会福祉ニュージーランド・オーストラリア』旬報社

西村万里子，2000b 「12章高齢化と政府機能の質的変化」丸尾直美・加藤寛・益村真知子編『ポスト福祉国家の総合政策』ミネルヴァ書房（近刊）

Pestoff, V., 1998 *Beyond the Markets and States*, Ashgate

里見賢治，1983 「高齢化社会論と福祉政策」『社会問題研究』32(2)

武川正吾，1996 「社会政策における参加」社会保障研究所編『社会福祉における市民参加』東京大学出版会

武川正吾，1998a 「1章福祉社会と社会保障」地主重美・堀勝洋編『社会保障読本』東洋経済新報社

武川正吾，1998b 「福祉社会における参加」『社会福祉研究』71号

塚本一郎，2000 「介護サービス分野のワーカーズ・コープの日英比較」『佐賀大学経済論集』31巻3号

八代尚宏・伊藤由樹子，1995 「高齢者保護政策の経済的帰結」八田達夫・八代尚宏編『「弱者」保護政策の経済分析』現代経済研究シリーズ10，日本経済新聞社

〈コラム〉介護保険法

　1997年12月，介護保険法が成立し，2000年4月から介護保険制度が実施された．介護保険制度は40歳以上の支払う保険料（1/2）と公費（1/2）を財源とし，狭義の介護だけでなく，医療・リハビリ・看護・福祉・在宅等のサービスを保障する仕組みである．介護保険制度の運営・実施主体は市町村であり，利用対象者は40歳以上で介護を必要とする者であるが，65歳未満の被保険者は加齢による特定疾病の要介護に限定され，障害者も対象外となる．財源の内65歳以上の保険料は市町村によって決定され，介護サービスが充実していたり施設サービスが多い地域では，保険料が高くなる．

　要介護状態になった場合，被保険者はまず市町村に保険給付を申請し，市町村が設置する介護認定審査会による要介護度の決定が必要となる．要介護度の判定には必要な介護時間が用いられるが，規準の適切さや判定の公平性に問題がある．要介護度が決定されると，利用できるサービスの内容や限度額がきまる．その後利用者の選択に基づき，介護支援専門員（ケアマネージャー）と相談して介護サービス計画（ケアプラン）が作成される．給付以上のサービスを行う上乗せサービスや給付対象以外の横だしサービスを実施するか，要介護認定で「自立」と判断され，介護給付が受けられなくなる人に，介護予防や軽度生活援助の支援を実施するか等は，市町村が判断する．

　介護サービスの利用には1割の自己負担が必要となるが，高額介護サービス費制度があり，各世帯の自己負担は一定額以下に抑えることになっている．低所得者の自己負担は当初は3％に減免されるが，それでも利用を抑制すると指摘されている．介護認定，サービス，介護事業者などの不満は市町村，都道府県，国保連に申し立てができ，事業者を指導・助言する仕組みが存在する．

　介護保険の導入は，施設の入所や在宅介護の提供が市町村による措置・行政処分として行われていた点を見直し，利用者によるサービスの選択と事業者との契約の仕組みに変更される．また，規準をみたせば，公的機関，民間企業，非営利組織に関わりなくサービス提供主体になれるので，介護分野に質とコストの競争が始まり，福祉における市場化の意味ももつ．その結果，自治体・市町村にはこれまでのサービスの実施・提供主体から，サービス提供主体の育成・調整，利用者の選択権を確保する情報提供や苦情処理，サービスの質の監視等の仕組み作り等，条件整備という新たな課題が求められる．

4 自治と分権

鍛治智也

はじめに

　21世紀を目前に控えた2000年4月1日,「地方分権の推進を図るための関係法律の整備等に関する法律」(以下,「地方分権一括法」と略す) が施行され, 日本の地方自治は新しい時代を迎える. 前年の1999年3月29日に国会に提出された同法律案は, 関係資料を含めて合計3,960ページに及ぶ膨大な法律案であり, 一般法である地方自治法の改正を含む計475本の個別の法律改正であった. 日本の地方自治に関する抜本的な改革であるにもかかわらず, 審議対象となった個別の法律は10本程度であり, 同年6月11日には衆議院本会議で可決成立した.

　「自治」と「分権」は, 戦後の新憲法下の日本において, 民主政治を推進するキー・ワードとして一貫して主唱されてきたテーマであり, 必ずしも目新しい課題ではない. 1970年代には「地方の時代」が提唱され, 80年代には「地方新時代」が提起されて, 地方自治体の役割の検討が継続してなされてきたが, 90年代の「地方分権」もそうした文脈の一環として捉えることもできよう. しかしながら, 今回の分権論議はかつての議論とはいささか視点が異なっている側面も看過できない.

　「地方分権一括法」案と同時期に国会で審議された中央省庁関連17法案と同法案の成立により, 日本の統治構造は大きく変革され, 一連の制度改革は, 明治維新, 戦後改革と並ぶ近代日本の「第三の改革」と称されるよ

うになった．この「改革」は，一方で，地方の政治・行政をめぐるシンボルにも変容を迫るものとなった．すなわち，第二次世界大戦後の統治構造における地方のシンボルは，日本国憲法の第八章のタイトルや地方自治法にみるまでもなく，「地方自治」であった．しかしながら，今日のシンボルは，地方分権一括法にみられるような「地方分権」へと変化するようになってきている．これは，一体なぜであろうか，またこのことの意味することは何であろうか．さらに，今後どのような課題が浮揚してくるであろうか．地方自治と地方分権の意義を以下に考察する．

1 地方自治と地方分権

　明治憲法以前の自由民権運動の隆盛期において，「自治」は「自由」と並んで，翻訳語として一種の流行語のように使われ始め，明治憲法期には「地方」と結合して，「地方自治」を中央政府による「地方行政」の手段として積極的に位置づける側面をもたせながら，公文書にも用いられるようになる．

　その後，新憲法期において，地方自治は新たな意味を有することになる．すなわち，憲法第92条の「地方自治の本旨」の内容である．ここでなされた解釈の論争は，ここでは扱わないが，従来より憲法学者や行政法学者は，地方自治の本旨の中身として，いわゆる「団体自治」と「住民自治」があると理解してきた．すなわち，「地方公共団体」と称される地方自治体の自治権の十分な保障（団体自治）とあくまで住民主体の自治である必要性（住民自治）が説かれてきたのである．

　しかしながら，「自治」の有する意味の理解のされ方の限界が，新憲法下でも引きずられることとなる．すなわち，「自治」の意味する「自己統治」とは，もともと統治者と被治者の同一化を志向する民主主義の基本原理であるはずであるのだが，「民主主義」という用語は戦後日本で一種の流行語となり，国政・地方政治を問わず使われることとなった一方，「自

治」は全国レベルでは全く注目されず,もっぱら「地方」という語と結びつき,「地方自治」の文脈だけで用いられることとなった.これは,「自治」という用語理解が,「地方分権」(団体自治)の意味に過度に傾斜して理解され,使われてきたためではないであろうか.

　一方,「地方自治」の実現にあたって,地方分権(団体自治)の推進が,住民自治の達成のために先行すべきであるという議論の存在は,伝統的に日本の「自治」をめぐる際立った特徴であるといえる.後述のごとく,今回の地方分権改革に重要な役割を果たした地方六団体地方分権推進委員会の『新しい時代の地方自治』という副題がつけられた報告では,「地方公共団体は,地方自治が住民の権利と責任において,主体的に形成されるべきという基本的観点に立って,その責務を果たすために,より足腰を強めて『自立する』ことが肝要である.我々が『地方自治の充実』を期して,地方における事務権限の抜本的強化,財政自主権の確立などを内容とする『地方分権』を強く求めているのは,正にこのような考え方に立つからである.このことは,21世紀に向けた国民的目標を達成するためにも不可欠なものであると確信している.」(1994年9月26日)とし,「地方自治」のための「自治」と「分権」との手順の関係を明らかにしており,「地方分権改革」をめぐる「地方自治」の基本的な理解のあり方が理解できる.

　さて,こうした背景のある「地方自治」と「地方分権」は,具体的な制度改革にあたって,どのように使われ,意味を有することとなったのであろうか.

2　地方分権推進の潮流

　今般の地方分権のための改革が進められるに至った流れは,いったいどのようなものであったかをまずみてみよう.表1は,過去10年間の地方分権関係で重要な役割を果たしたと考えられる「事件」,報告書,提言等を記した年表である.☆印は,国がイニシアティブの中心となった事柄で

表1 過去10年間の「地方分権」関係の年表

☆国の動向　○地方の動向　▲府県制度再編を提言しているもの（道州制も含む）

年　月　日	事　　　項
1989.12.12	政治改革推進協議会（民間臨調）「地方分権に関する緊急提言」
12.20	☆臨時行政改革推進審議会（第2次行革審）「国と地方の関係等に関する答申」
1990. 6.29	☆福祉関係8法改正
10. 7	日本青年会議所「地方分権へのいざない」▲
11.	○全国知事会「地域政策と府県—戦後において府県の果たしてきた役割と今後の課題」
11.28	行革国民会議地方分権研究会「地方主権の提唱」▲
1991. 3.	○岡山県21世紀の地方自治研究会「連邦制の研究報告書」▲
5.	○市民の暮らしから明日の都市を考える懇談会「市民のくらしからみた明日の大都市」〔大都市圏連合制度〕〔憲章都市制度〕
11. 5	宮沢喜一内閣発足
11.12	関西経済団体連合会「都道府県連合制度に関する意見書」▲
1992. 6.19	☆臨時行政改革推進審議会（第3次行革審）「国際化対応・国民生活重視の行政改革に関する第3次答申」
11.25	平成維新の会発足記者会見▲
12.	経済同友会「地方活性化への提言」▲
12. 8	☆閣議決定「地方分権特例制度について」（パイロット自治体）
12.10	日本社会党シャドーキャビネット自治委員会「自立する地方—地方分権推進法とプログラムの試み」
1993. 1. 4	政治改革推進協議会「地方分権に関する緊急提言」
2.	日本新党基本政策
2.23	経済団体連合会「21世紀に向けた行政改革に関する基本的考え」▲
4.19	☆第23次地方制度調査会「広域連合及び中核市に関する答申」
6. 3	☆衆議院「地方分権の推進に関する決議」
6. 4	☆参議院「地方分権の推進に関する決議」
6.18	☆地方自治法の一部改正〔地方六団体の意見提出権〕の創設
7.22	○全国知事会「府県政懇談会報告」
8. 6	細川護熙内閣発足
8.12	☆衆議院・地方分権特別委員会設置
9.21	☆参議院・地方分権特別委員会設置
10.27	☆臨時行政改革推進審議会（第3次行革審）「最終答申」〔地方分権の推進〕
11.16	パイロット自治体　14市及び1広域市町村圏の第1次指定
12.	○地方六団体　地方分権に関する審議始まる
1994. 2.15	☆閣議決定「今後における行政改革の推進方策について」〔国・地方関係の改革に関する大綱方針の策定〕
4.	○東京都地方分権研究会「地方分権推進についての提言」
4.25	羽田孜内閣発足
4.	第24次地方制度調査会発足
5.24	☆行政改革推進本部に地方分権部会の設置
6.22	☆地方自治法の一部改正〔広域連合〕〔中核市〕の制度創設
6.30	村山富市内閣発足
7.17	○全国自治団体労働組合（自治労）「分権自治構想」
7.28	○東京都地方分権検討委員会「『地方分権の推進に関する法律』の制定について」
8.	○京都府「地方分権の推進をめざして」

	9.	○神奈川県・神奈川県市長会・神奈川県町村会「地方分権推進法要綱試案」
	9.22	○地方六団体地方分権推進委員会「地方分権推進委員会報告—新時代の地方自治」
	9.26	○地方六団体「地方分権の推進に関する意見書—新時代の地方自治」
	10. 5	☆第24次地方制度調査会専門小委員会・中間報告「地方分権の推進について」
	11. 8	パイロット自治体 14市2町及び1広域市町村圏の第2次指定
	11.18	☆行政改革推進本部地方分権部会「専門委員意見書」
	11.22	日本商工会議所「地方分権のあり方に関する意見」▲
	11.22	☆第24次地方制度調査会「地方分権の推進に関する答申」
	12.25	☆閣議決定「地方分権の推進に関する大綱方針」
1995.	2.28	☆地方分権推進法案の閣議決定
	5.19	☆地方分権の推進に関する法律の公布
	7. 3	☆地方分権推進委員会（総理府）の発足
	8.10	○地方六団体（地方自治確立対策協議会）地方分権推進本部の設置
	10.19	☆地方分権推進委員会「地方分権推進に当たっての基本的考え方」
1996.	1.10	○地方六団体「制度的課題について」
	1.11	橋本龍太郎内閣発足
	3.29	☆地方分権推進委員会「中間報告—分権型社会の創造」
	4.16	☆第24次地方制度調査会専門小委員会「地方分権の推進に伴う地方行政体制の整備・確立について」
	4.24	○東京都「分権すべき権限と財源」
	11.21	☆行政改革会議（内閣総理大臣直属）発足
	12.20	☆地方分権推進委員会「第1次勧告」
		☆国庫補助負担金・税財源に関する中間取りまとめ
1997.	6. 3	☆都市計画中央審議会答申「今後の都市政策のあり方について」
	7. 8	☆地方分権推進委員会「第2次勧告」
	9. 3	☆行政改革会議「中間報告」
	9.20	☆地方分権推進委員会「第3次勧告」
	10. 9	☆地方分権推進委員会「第4次勧告」
	11.14	☆自治省「地方自治・新時代に対応した地方公共団体の行政改革推進のための指針策定についての指針」
	12. 3	☆行政改革会議「最終報告」
	12.24	☆自治省「機関委任事務制度の廃止後における地方公共団体の事務のあり方及び一連の関連する制度のあり方についての大綱」1998年3月19日
		☆特定非営利活動促進法（NPO法）の成立
	4.24	☆地方制度調査会「市町村の合併に関する答申」
	5.29	☆第1次地方分権推進計画閣議決定
	5.29	自治基本法研究会「自治基本法案」発表
	6. 3	○全国市長会「新時代の都市政策」
	6.12	☆中央省庁等改革基本法施行
	7.30	小渕恵三内閣発足
	11.19	☆地方分権推進委員会「第5次勧告」
1999.	3.26	☆第2次地方分権推進計画閣議決定
	7. 8	☆地方分権推進一括法及び中央省庁等改革関連法17法の成立
	7.16	☆同上 公布
2000.	3.14	☆都市計画法改正案閣議決定
	4.	☆地方分権推進一括法施行
2001.	1.	☆中央省庁等改革関連17法施行予定

注：2000年4月時点での筆者による整理．

あり，○印は，地方自治体やその関係団体がイニシアティブをとった事柄である．実際の各自治体の意見書等は，ある時期にはかなりの数にのぼっているが，煩雑になるために主要なものに限り，全てを網羅してはいない．

この年表から「地方分権」の潮流を，次の5期に区分し，特徴づけることができる．

第1期は，1993年6月に国会衆参両議院において「地方分権の推進に関する決議」が全会一致でなされるまでの時期である．地方分権の必要性が中央政府や地方自治体だけでなく，経済団体・民間団体に至るまで議論され，さまざまな提言がなされ，「地方分権」というテーマが急速に国政の重要案件となっていく時期である．いわば「地方分権前期」である．

第2期は，1993年6月から1994年12月までの期間である．国会での決議の後，多くの政党が「地方分権」公約に掲げた総選挙を経て，非自民の連立内閣である細川内閣が発足し，それが自社政権である村山内閣での「地方分権の推進に関する大綱方針」の閣議決定に至る時期である．地方分権が進められることを前提に，その中身をどうするかについて，中央政府，地方自治体，経済団体が違う思惑の下に異なった図面を引いていった時期である．地方分権の方向性模索期と呼べるが，「地方分権の混声合唱」の時期でもあった．

第3期は，1994年12月から1996年11月までの期間である．地方分権の推進に関する大綱方針の閣議決定後，橋本内閣となり，行政改革会議が発足されるまでの時期である．地方分権の方向性が固まり，その推進体制が整備されていく時期である．地方分権の足固め期であり，推進体制の「秩序化」の時期でもあった．

第4期は，1996年11月から1999年7月までの期間である．地方分権をどのように進めるか，分権後の中央－地方の関係はどのようなものになるのかという議論・提案は，もっぱら総理府の地方分権推進委員会を主舞台として審議され，次々と報告・勧告がだされていく時期である．「地方分権の実質審議期」であり，地方分権推進委員会の時期でもあった．

第5期は，1999年7月以降である．地方分権に関わる法改正だけでなく，中央政府の編成に関する法改正の内容が決定され，実務上の「つめ」を進める段階であり，制度改革に伴う各地方自治体での条例制定（改正）などが進められている時期である．地方分権の実施期であり，地方分権推進計画の「仕上げの時期」でもあった．

　以上の潮流を辿ってみると，この分権改革の特徴はより明確になろう．1989年12月の臨時行政改革推進審議会の「国と地方の関係等に関する答申」が発端となって，第23次地方制度調査会の「広域連合及び中核市に関する答申」とその制度化（実施）が実現するに至り，第3次行革審答申において地方自治の突破口として提起された地方分権特例制度（通称「パイロット自治体」制度）の閣議決定，衆参両議院で「地方分権の推進に関する決議」，さらには第24次地方制度調査会の中間報告「地方分権の推進について」といった一連の国側の動きがあった．さらに，前後して政権を担うこととなった政治政党側からも分権化のプログラムが提示されることとなった．すなわち，日本新党基本政策や日本社会党の「自立する地方――地方分権推進法とプログラムの試み」などがそれである．同時に，行革国民会議の「地方主権の提唱」，政治改革推進協議会の「地方分権に関する緊急提言」，経済同友会の「地方活性化への提言」といった民間側からの提言も立て続けになされた．

　これに対して自治体側はどのような対応をしてきているのであろうか．主なものだけでも，東京都の「地方分権推進についての提言」，京都府の「地方分権の推進をめざして」などが挙げられ，数多くの地方自治体は地方分権に対してなんらかの意見表明を行っている．そして，地方自治法の改正により地方六団体〔全国知事会，全国都道府県議会議長会，全国市長会，全国市議会議長会，全国町村会，全国町村議会議長会〕の意見提出権が設けられたが，その権限を翌94年9月に初めて行使するかたちで，地方六団体内部の調査検討機関である地方分権推進委員会の名の「報告」（副題に「新時代の地方自治」と記されている）が発表されている．1994

年5月に,内閣総理大臣を本部長とする行政改革推進本部に地方分権部会が設置され,年末までに地方分権基本法制定に向けて大綱方針を策定することになっていたので,これに影響力を与えようと各機関・団体がそれぞれの立場からの主張・提言がなされていたというわけである.

こうした一連の地方分権の議論をみてみると,およそ五つの特性が明らかになってくる.すなわち,第一に,地方分権が「地方」側からだけでなく,分権を阻害しているとみなされている当の「中央」側からも真剣に討議され,提唱されており,国の立法措置により分権を推進しようとしたこと.さらに,かつて知事などの地方自治体の首長を経験した政治家が,首相や大臣などの中央政府の要職に就くこととなったためもあり,国会議員などの政治家の中から積極的に地方分権の推進が主張されたことである.

第二に,従来の地方自治体の新しい役割・可能性を検討するだけに終わらず,中央-地方,地方間の政府間関係といういわば統治構造全体のあり方そのものを検証しようとしており,国の行政改革の主要課題の一つに挙げられていることである.すなわち,これまでの地方分権は,政令指定都市制度が典型的な例として挙げられるように,府県から市町村への,いわば「地方」間の権限委譲が中心的なものであったし,また機関委任事務を団体委任化というような法形式上の改革のみに終始していたものが,パイロット自治体制度でほんの僅かではあるが先鞭をつけることとなった国から地方への分権が本格的に主張され,さらに地方自治法そのものを抜本的に見直すといった議論がなされるようになってきたことである.

第三に,地方制度の検討が,現行の二層制(都道府県と市町村の2段階の地方制度)を保持したままで,府県のあり方を中心に議論されていることである.これは第二の点と密接に関わっているが,行政権限が国から基礎的自治体である市町村へ委譲され,さらに府県からも市町村へ委譲されるとなると,府県業務の空洞化現象が起きかねないという事態が生じてきた.地方分権論議のなかで府県行政の存在意義が改めて問われたのである.さらに第1期に盛んに議論されていた道州制などの府県の再編成を含む制

度改革の提唱が，第23次地方制度調査会の広域連合制度の提言（従来の広域行政制度は府県が参加しにくいものであった）がなされた1993年4月以降，すなわち第2期以降ではほとんど影を潜めることとなる（表1の▲印を参照）．道州制など府県の合併・再編成を伴う制度改革に対して，経済界では根強い要望が現在もなおなされているが，府県間の合併に至らずとも，ゆるやかな連合形態によって広域的課題に対応するという制度が探られたことで，二層制の存続が保障されたわけであり，第3期以降は，現行二層制の制度内での改革が模索されることになった．このことは，都道府県を分権改革の推進主体に据えることを意味しており，分権の中身でも地方六団体の意見書が，その後重要な役割をすることになるのもこの時期に確定する．一連の制度改革論議が，「知事たちの地方分権」と呼ばれているのも，こうした特性を指してのことである．

　第四に，第三の特性の結果として，地方分権論議によく浮上する「受け皿論」が，比較的早い段階で回避されたということである．地方分権に際して，国からの権限の受け皿として，地方自治体の大規模な再編成を前提とする考え方で，自治体側に委譲された権限が有効に執行できる「受け皿」という態勢をまず整備させるべきことを強調する視点である．都道府県の合併は上記のように今回は見送られ，合併論はもっぱら市町村を対象とすることになったわけである．かつまた，市町村の合併においても，1998年4月の地方制度調査会の答申やその後の法改正にみられるがごとく，合併を強く進める制度の施行には至らず，比較的穏やかなインセンティブの導入にとどまり，今日に至っている（この点，1994年の公職選挙法の改正に伴い，衆議院の小選挙区比例代表並立制の導入によって，市町村を小選挙区の数である300程度に再編成を求める政治的環境があることは注意すべき点である）．明治の大合併，昭和の大合併に続く，平成の大合併による市町村の再編成によって，分権を進めるという視点も回避されたわけである．1995年5月に制定された地方分権推進法は，5年間の時限立法であったことからも，現行制度内の改革がめざされたことが理解でき

図1　朝日新聞　朝夕刊の本文記事における『地方自治』と『地方分権』の検索件数

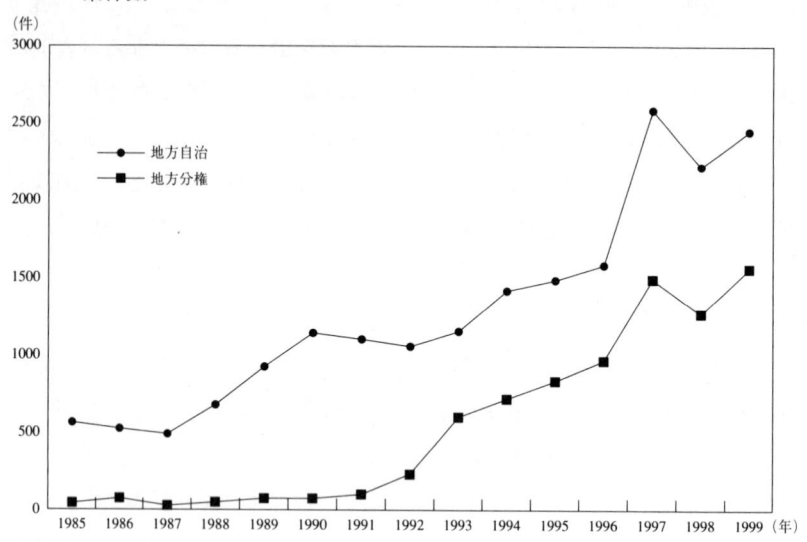

図2　朝日新聞　朝夕刊の見出し記事における『地方自治』と『地方分権』の検索件数

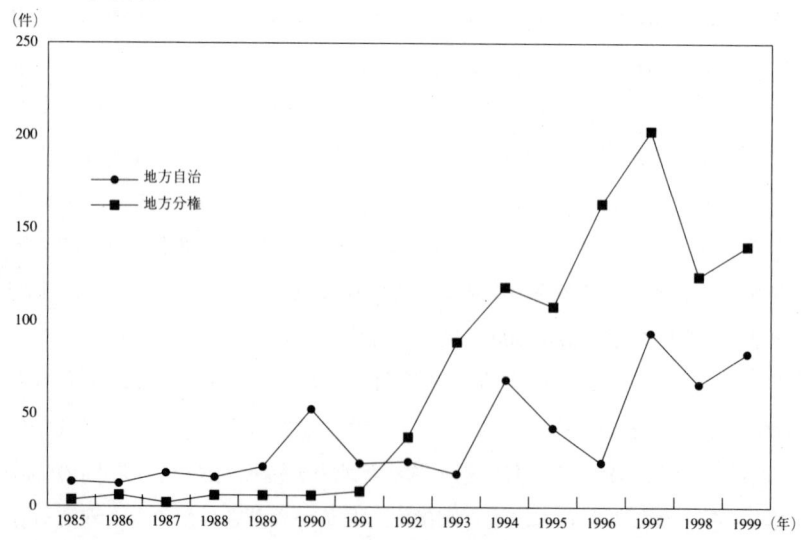

る．

　第五に，地方自治のシンボルが，「地方分権」に特化されたことである．図1と図2は，過去15年間の朝日新聞の朝夕刊の記事における「地方自治」と「地方分権」という言葉の出現回数を調べたものである．図1は，記事本文での出現回数であるが，国会決議のあった1993年あたりから急速に「地方分権」の出現が多くなっており，それ以前にはほとんどみられなかったのに比べて，著しく対照的である．1993年以降，「地方自治」も「地方分権」も出現回数は増加しているが，これは「地方分権」の出現頻度に比例するかたちで，「地方自治」が記されていることがわかる．

　図2の記事の見出しでの出現回数の推移の方が，「地方自治」と「地方分権」との用語の社会における重要度の変化がよりよく理解できる．すなわち，1992年-93年を転機として，地方自治関係の記事の見出しには「地方分権」が用いられる傾向になったということである．前節で記したように，地方自治の構成要素である団体自治と住民自治のうち，前者を強調するかたちで，地方自治が語られる傾向になったことが理解できる．すなわち，日本の「地方自治」運動における，分権論偏重の傾向が顕在化していったのである．

　以上がこれまでの地方分権改革の潮流である．

3　広域行政における自治と分権

　これまで新しい行政課題が発生した際に，国，都道府県，市町村といった，どのレベルの政府が対応してきたかをみることは，自治や分権の度合いを測る試金石ともなり得る．ながらく，道州制の提唱に象徴的にあらわれているように，行政の広域的課題に対しては，自治体の対応がうまく機能せず，権限が国に吸い上げられるかたちで対応されてきたという歴史的経緯がある．「地方分権一括法」施行後の中央－地方関係では，国地方係争処理の仕組みの中で，対応される部分が増えるこうした側面について，

簡単に振り返ってみる．

すなわち，都府県の区域を超えて発生してきた広域的課題は，都府県の協力方式という形態で対応するというよりは，中央省庁がそれに対応する態勢をとってきたのである．都市計画に関してみてみると，1950年に住民投票を経た特別法である首都建設法により設置された建設省の外局である首都建設委員会が，東京都区域の基盤整備等の都市計画を担っていたが，56年に首都圏整備法が制定されると，これに代わり首都圏整備委員会が総理府の外局である行政委員会として設置されることとなり，国の機関が東京大都市圏の計画を策定する主体となるという慣行を形成させていった．

また，河川の管理に関しては，1964年の新河川法の施行によって，従来都道府県が管理していた河川を一級河川と二級河川に区分し，府県境を跨ぐ河川であるかどうかにかかわらず一級河川の管理権限を国に引き上げるというものである．道路の管理に関しても，1958年の道路法の改正において一級国道についての国の直轄管理の制度が創設され，さらに61年の改正で，一級国道と二級国道の区別を廃止し，一般国道として国が管理権限を掌握することとなったのである．加えて，広域的課題に対応する公共施設の整備には，公団等の特殊法人が設立されるようになり，1955年には日本住宅公団，翌56年には日本道路公団，59年に首都高速道路公団，62年に水資源開発公団などが次々に設置され，国の責任によりこうした行政主体が広域的課題に対処する手法がとられるようになる．都市圏の外延化の進展とともに，広域圏政府としての自治体の相対的地位が低下し，国が広域行政の主要な主体となった．これは，日本の広域行政を考えるうえで，特徴的な側面であろう．

一方，これまでの広域行政の論議においては，広域圏内の自治体が合併し，一元的な広域政府を設立することにより，広域行政の主体とするという方向ではなく，広域圏内の自治体の独立性はある程度尊重しながら自治体間の協力体制を強化していこうとする広域的な自治体間の連合制度が主唱されてきている．「連合」の制度は，1962年の第8次地方制度調査会か

ら断続的に討議，構想されてきており，必ずしも目新しいものではないが，地方分権と並列的に広域行政が語られていることに特徴点がみられる．すなわち，臨時行政改革推進審議会の「国と地方の関係等に関する答申」における「都道府県連合」制度，市民の暮らしから明日の都市を考える懇談会の「大都市圏連合」制度，第23次地方制度調査会の「広域連合及び中核市に関する答申」における「広域連合」制度などが，一連の流れを形成している．

これは，広域的な新しい行政課題に対しては，国が一元的に対応するのではなく，むしろ自治体が協力して対応する方が，効果的であるとする考え方が国民・住民間に浸透してきたことを意味していよう．たとえば，1都3県地域の任意的な協力団体である七都県市首脳会議〔東京都，神奈川県，埼玉県，千葉県，横浜市，川崎市，千葉市の首長が構成メンバー〕（通称，首都圏サミット）が，環境問題や防災対策といった国で対応しきれない広域的課題に積極的に取り組んでいることを勘案しても，分権的な態勢が整備されつつあると考えられる．

加えて，前述のごとく1950年代60年代に設立された公団・事業団といった特殊法人は84に及び，ながらく改革の必要性が叫ばれながら，地域住民と地方自治体のコントロールを受けることなく，地域において大規模で影響力のある事業を数多く展開してきている．今日では，地方分権の視点から，特殊法人の役割や事業のあり方が見直されることが重要になってきている．

さらに，1989年12月のゴールドプランの策定，1990年6月の社会福祉関係8法の改正などにより，社会福祉行政では他の分野に先駆けて行政の分権化が進められてきているが，2000年4月からの介護保険制度の実施にあたって，この事務を共同で処理する広域連合の設立が各地でなされるようになってきている．広域的事務処理では，先進事例であった廃棄物処理の分野のために設立された設置数を超えて，介護保険事務の広域連合は普及してきており，「分権化時代」の自治体行政態勢の有力な一例となっ

ている．

　このように広域行政について着目すると，1950年代に一度集権化が進められた体制から，近年再び分権化の動きがみられる．そこには国と自治体の政治行政上の役割の変化も観察されるのである．

4　自治と参加をめぐる展望

　これまでみてきた「地方自治」をめぐる動きは，主に「地方分権」を軸に進められてきている．換言すれば，地方自治の担い手である地方自治体は，その行政の充実のために，サービスの提供先であり，主権者である住民の方ではなく，むしろ権限の委譲を求め，関与の撤廃を求める国（中央政府）の方をターゲットとして，「地方自治拡充」運動を進めてきたという色合いが濃いのである．こうした権限委譲（関与撤廃）運動が，一定の決着をみた現在，地方自治体は再び住民の側を見据える時期が到来したといえよう．

　周知のように，一連の地方分権改革により，従来の機関委任事務が廃止され，いわゆる団体委任事務ともに，自治体の扱う事務は，自治事務と法定受託事務に分けられることとなった．本稿では，法定受託事務の意味，またこうした位置づけによる国等の自治体の事務への関与のあり方の問題についての詳細な検討はしないが，住民自治との関連で着目すべき側面がある．それは，「地方分権一括法」の施行に際する，各地方自治体の条例制定とそれへの住民の監視の問題である．

　従来から公共事務，行政事務，団体委任事務について，各自治体は，条例および規則を制定することができたが，新たに機関委任事務から自治事務とされたものについても，法令に反しない限り，条例が制定できるようになった．また，自治事務ほどではないにしても，法令受託事務についても条例制定の余地があり，その必要性のある事務分野はないわけではない．その一例として，手数料関係の条例が挙げられる．すなわち，これまで個

別の政省令で規定していたり，地方公共団体手数料令，その他の政令等の基準の範囲内で手数料を一括して規定した手数料規則，または個別の事務規則で規定していた手数料規則は，自治事務，法定受託事務のどちらについても，条例で規定することになった．これは，手数料規則の条例化の手続として，地方分権一括法施行までに各地方自治体が取り組んでいることであり，将来的にも条例の見直しなどで，地方自治体の扱う事務である．

この関連で改正される地方自治法第228条第1項は，手数料について全国的に統一して定めることが特に必要であるものは，政令で定める金額を標準として条例で定めることとしている（標準事務）．この標準事務については，国の示す標準に従って各地方自治体で決定することが求められるが，合理的理由があれば，標準と異なる額を定めることがあり得る．さらに，自治事務の手数料についても，各自治体の定める条例で規定される．そして，標準事務以外の事務の手数料の額を定める場合，事務に要する経費を一般財源によって一部補塡するもの，事務に要する経費の全てを手数料によって補塡するもの，事務に要する経費以上を手数料として徴収するもの，のいずれかを選択することとなる．

そして手数料額は，事務に要する費用の積算，申請者の受益の程度，事務にかかわる権力的作用の強弱，申請者の所得水準，政治的政策的配慮，近隣の地方自治体との比較，などを勘案して決定することになる．たとえば，運転免許証の発行（自治事務）手数料や旅券（パスポート）の発給（法定受託事務）手数料は，標準額が決められるものではあっても，あまねく条例で額を定めるのであり，場合によっては，自治体間で同じサービスを行いながらも，手数料額で差の生ずることもあり得る例でもある．

そしてある特定の手数料に関して，近隣の自治体と料金差がある場合，自治体は住民に対して手数料設定の積算理由の説明が求められることになろう．この時点で，自治体行政の事務処理にかかわる効率性と満足度との調和が求められることになる．これは，次第に手数料問題だけにおさまらず，自治体の執行する事務事業全般に及ぶものであり，住民はその適正さ

（バリュー・ファー・マネー＝税金・料金の払い甲斐）に関心を払うようになるはずである．自治体における政策法務の重要性はますます高まっていくに違いない．

これは，現在，多くの地方自治体で導入が試みられようとしている行政評価（業績測定）制度の今後と密接にかかわってくる．この制度において地方自治体は，所管するあらゆる行政分野で，政策の目標値と現況値を客観的かつわかりやすい尺度（指標）で，住民に提示し，理解を得，行政執行の結果に対しても説明する努力をする必要がでてくる．その過程で住民は，自治体の行政サービスを税金と料金の対価であると認識しはじめ，サービス内容を単に「多ければ良い」という量的なものとして捉えるのではなく，「対価に見合って満足ができるものであるか」どうかのいわば質的なものとして捉え始めるのであり，行政サービスを支え，監視する「当事者」として意識が芽生えてくることとなるはずである．実に，分権改革は住民自治のための改革を促しているといえよう．

5 自治に向けての改革課題

以上に考察してきたように，日本の地方自治をめぐるこれまでの10年間は，「地方分権」推進の時代であった．しかしながら，21世紀に始まる次の10年間は，いうまでもなく地方自治のもう一つの軸である「住民自治」構築の時代となるのことは言うを俟たない．

地方自治体が，国に比べて，住民に身近な政府であるというのは，よく言及されることではあるが，本当にそうであるだろうか．もしかすると住民は，地元自治体の日常的な行政よりも，国の政治・行政の方をよく知っているし，ひょっとすると国際連合の諸活動やアメリカ合衆国政府の政策，ロシア大統領の行動の方が広く知れ渡っていることだってあろう．もはや，地方の問題でも，政治過程は集権化され，参加にあたっては専門知識や熟達した政治手腕が必要となり，地域における素人住民間の討議が，かつて

もっていた有効性は失われつつある．「身近な地方自治の問題」という認識は，幻想化してきているのも事実であろう．

　住民が伝統的な政治過程のルートを通じないで，行政過程に直接参加する住民参加（あるいは市民参加）は，住民の「政治体験」の拡充と自治の向上のために，今後ますます運用されるようになってくる．地方議会も，もはや「議会制民主主義の軽視・形骸化」と反対することはなく，住民参加が求められた政策課題を議会の審議過程に取り入れる工夫をするようになってきている．条例の中でも上位に位置づけられる基本条例の制定やまちづくり条例，行政計画である長期基本計画などの策定に際しても，住民参加がさまざまな形態で行われ，自治体政策の基本的枠組みを住民参加によって構築しようとする試みも各地で行われるようになってきており，今後さらに進展する分野である．

　住民参加の究極の手法としての住民投票のあり方の論議は，今後の最大の政治的課題となろう．議会制民主主義の母国といわれる英国でさえ，憲政史上初めて国民投票を行ったウィルソン政権の1973年以降，ブレア政権になって4回もの住民投票を実施し，政治的課題に対する意思を直接住民に対して問うてきており，英国の政治的伝統にも変化がみられるようにもなってきている．

　日本においても，法制度上は，憲法第95条に基づく一地域にのみに適用される特別法の制定の際の住民投票（過去18件，1951年以降なし），憲法改正の際の国民投票（第96条）や地方自治法に定める直接請求制度上の住民投票に限定されているが，条例による住民投票の動きは全国で広がっている．自治体の政策の賛否を問うかたちの住民投票条例案は，1979年以降これまでに118件が議会で採決されている．特に1995年以降，公共事業関係を中心に急増している．条例案の8割は，住民の直接請求であるが，可決されたのはこれまでに7件にとどまっている．首長提案と議員提案を含めても，採択された住民投票条例は，2000年1月までに10件を数える．単一テーマで賛否がはっきりする住民投票は，「わかりやすい」

表2 東京とニューヨークの主要新聞における

	朝日新聞[2]		東京新聞[3]	
1部あたりの地元記事の割合	1.23頁／56.00頁	2.2%	2.54頁／40.00頁	6.4%
記事面あたりの地元記事の割合	1.23頁／23.62頁	5.2%	2.54頁／26.17頁	9.7%
広告面あたりの地元広告の割合	9.88頁／32.38頁	30.5%	3.82頁／13.83頁	27.6%

注1) 1998年9月28日月曜日付各紙についての筆者による調査．地元情報は東京および
 2) 朝日新聞は，東京版および夕刊24頁を含む．1頁面積38.0 cm×51.0 cm.
 3) 東京新聞は，東京版および夕刊12頁も含む．1頁面積38.5 cm×51.5 cm.
 4) ニューヨーク・タイムズは，朝刊のみで，メトロ，ビジネス，スポーツ，芸術各版
 5) デイリー・ニューズは，朝刊のみで，メトロ版を含む．1頁面積24.0 cm×34.5 cm.

政治の典型とも言えるが，議会制民主主義との調和，国の政治と地方政治とのバランスの点など，今後議論すべき課題はなくなっていない．

さらに，行政が特定の政策について，任意で広く意見を募り，その結果の公表をするパブリック・コメントの制度は，鳥取県が1999年度から制度化し，滋賀県と新潟県は2000年度から導入することになっているが，住民投票と共に，個別の政治行政課題に対して住民の意見が求められる事態はますます増えるものであろう．

住民が地方自治を「身近かな問題」として認知するかどうかには，自治体だけの責任ではない．マスコミの地域情報の取り組みに関する責任は論じられるべきである．筆者がある平日（1998年9月28日月曜日）の米国ニューヨークと東京の主要新聞の地元情報を比較調査した際（表2参照），全国紙でもあるニューヨーク・タイムズでは，全紙面に対する地元（ニューヨーク大都市圏）記事の占める割合（面積）は14.0%，記事面に対する地元記事の占める割合は22.2%，広告面での地元広告の占める割合は43.9%であった．また，地元紙であるデイリー・ニューズでは，同様に，18.3%，30.2%，76.5%であった．一方，東京では全国紙である朝日新聞の朝夕刊では，全紙面に対する地元（東京大都市圏）記事の占める割合（面積）は2.2%，記事面に対する地元記事の占める割合は5.2%，広告面での地元広告の占める割合は30.5%であった．地元紙の色合いがある東京新

地元情報の割合[1]

ニューヨーク・タイムズ[4]		デイリー・ニューズ[5]	
8.10 頁／58.00 頁	14.0%	18.99 頁／104.00 頁	18.3%
8.10 頁／36.47 頁	22.2%	18.99 頁／62.78 頁	30.2%
9.45 頁／21.53 頁	43.9%	31.54 頁／41.22 頁	76.5%

ニューヨークの大都市圏の情報を示す.

を含む．1頁面積 32.5 cm×52.0 cm.

聞でも，同様に，6.4%，9.7%，27.6% であった．いわゆるタブロイドの夕刊紙にいたっては，地元の記事は皆無という状態であった．また，中央政治の情報は，新聞各社は「政治部」が扱い，記事も政治面であるのに対して，地方政治の情報は，「社会部」が扱い，地方版以外では記事もタレントのゴシップと同じ社会面（いわゆる三面記事）の扱いである．

一方，テレビをみても，米国においては全国ニュースの専門局であるCNNですら，1日4時間はローカルニュースに割かれており，地域のケーブルテレビ放送もかなり充実している．日本における今後の多チャンネル時代における地域情報の拡充は，真剣に取り組むべき課題である．

日本では大都市圏を離れれば，地元紙の読まれる割合が高くなろうが，それにしても地元情報は充分に高いレベルにあるとは言えない．このように日本の地域住民は，地元の情報を知るチャンネルがかなり制約されているのである．住民が地域の問題に関心をもち，地方議会に働きかけ，自治体の執行部に参加していくにあたっては，その入り口がさまざまな形で用意されていなくてはなるまい．当の自治体や住民以外にも自治に貢献できることは多くある．

この点で，地域の民間非営利組織（NPO）や非政府組織（NGO）は，住民と自治体とのあるゆる意味で架け橋となる可能性がある．自治体では，特定の業界と個々の職員との癒着等を回避するために，3年程度で人事異動を行う慣例がある．個々の職員に専門性の蓄積がされにくい運営がなされているが，地域の専門NPOが自治体の政策に常に関心をもち，監視していくことで，自治体内における行政の専門性が醸成されるような構造改

革を牽引していく働きが期待される．そして，住民の多様な要望をNPOの活動を通じて，効果的に吸い上げ，行政に働きかけるという意義も見いだせるのである．

　知事や市町村長の政治行政責任と並行して，ますます重要度が高くなる地方議会の改革は危急の課題である．国は議院内閣制を採用しているが，地方自治体は首長制（いわば大統領制）を採用している．議院内閣制では国会内与党が行政府たる内閣を構成するが，地方議会においては議院内閣制における意味での「与党」は存在しない．知事や市町村長の選出母体（政党）が同じであるということだけで，地方議会内で「与党」的な行動をとることは，首長と議会が互いに独自の役割を担いながら牽制し合うという機関対立主義あるいは二元代表制の本来の姿からは逸脱していることを自覚すべきである．

　さらに，地方議会は構造的に民意を反映しているとは思われない点が多くある．たとえば，住民の比率では半数の女性でも，議員となると極端に低い「代表」でしかない．地方議員における女性議員の割合は，全国平均で5.8%であり，比率が最高である和光市でも33.3%を占めるに過ぎない．加えて，地方議員の職業背景も，土木や農業関係など，特定の職業が過大に代表されている傾向がある．また，議会審議をより多くの住民に理解してもらう努力として，議会の夜間や休日の開催はもっと試みられてよいことであるし，本会議のみならず実質の審議をする委員会の議事録もつくり公開する自治体も今後ますます増えていくであろう．そして，密室の本会議である全員協議会は，審議の透明性の観点から廃止すべきものである．

　民意を反映させるという意味では，日本に永住する外国人の参政権の問題も，進展させるべき課題である．在日韓国人など決して少なくない数の住民が，地方選挙に参加するようにしていくことは，地域の「自治」の拡充のためには必要なことである．

　これからの「自治」の時代は，参加と監視の時代ともいえる．

参考文献

石田雄，1998 『一語の辞典　自治』三省堂
兼子仁・村上順，1995 『地方分権』（憲法問題双書3），弘文堂
松下圭一，1996 『日本の自治・分権』岩波書店
日本行政学会編，1996 『分権改革―その特質と課題』（年報行政研究31），ぎょうせい
日本政治学会編，1981 『政治学の基礎概念』（年報政治学1979），岩波書店
西尾勝，1999 『未完の分権改革―霞が関官僚と格闘した1300日』岩波書店
大森彌，1998 『分権改革と地方議会』ぎょうせい
新藤宗幸，1998 『地方分権』岩波書店
高木健二，1999 『分権改革の到達点』敬文堂
辻清明，1976 『日本の地方自治』岩波書店
辻山幸宣，1994 『地方分権と自治体連合』敬文堂
恒松制治監修，1998 『地方自治の論点101』時事通信社
上山信一，1999 『「行政経営」の時代』NTT出版

〈コラム〉外形標準課税

　2000年2月7日，石原東京都知事は，資金量5兆円以上の大手金融機関の業務粗利益を課税標準とする法人事業税の外形標準課税を同年4月1日から5年間導入すると表明した．同月22日には，東京都の「新税は公平・中立性を欠き地方税上も疑問がある」と，国は5項目の見解を確認し，導入反対を明確にした．しかし，翌3月末には都議会定例会で条例が可決・成立した．その後5月末には，大阪府も同様の新税導入を決定した．現行の法人事業税は，法人の所得に対して原則9.6％（標準税率）を乗じて税額を計算するが，この税率を乗ずる対象となるものを「課税標準」という．「事業税の外形標準課税」とは，この課税標準を所得ではなく，別の基準に改めるというものである．

　戦後の1947年に営業税が国税から再び都道府県の独立税となり，翌年には事業税と改名後，49年のシャウプ勧告以来，幾度も外形標準課税の導入が検討されているが，これまで実現には至っていなかった．これまでも電力，ガス，生命保険，損害保険の各事業については例外的に収入金額という外形を課税標準とする外形標準課税が行われている．実施している20の自治体の法定外普通税による税収は207億円（1998年決算）で，全地方税収入の0.1％に満たない．2000年4月からは，自治大臣の許可制から事前協議に緩和され，使途を限定する「法定外目的税」も創設される．現行の法定外普通税は，都道府県税では14の道県で核燃料税や石油価格調整税などがあり，市町村税では6の市町で砂利採取税や別荘等所有税がある．

　東京都が新税の決断をしたのは，税収が極端に落ち込んだことが直接の原因である．また一時1兆円近くもあった財政調整基金は底をつき，都債の残高は7兆円を越える．こうした事情は，多くの自治体の抱える問題でもある．地方の歳出規模は，国と地方の歳出総額の3分の2を占めるが，地方税収は国と地方を合わせた税収の4割程度にしか満たないという税財政構造の不均衡がこの問題の根源である．交付税を交付されていない東京都は，国と対決しても財政自主権を確保する試みは過去にもあり，美濃部都政における財政危機の際，大企業の法人事業税と法人住民税への「超過課税」を行った．

　分権化時代の幕開けは，自治体が住民に負担増を説明し課税する，課税自主権拡充の時代の到来をもたらした．税金と行政サービスの関係がより明確になる「自治」のあり方が本当に問われている．

第II部
21世紀の国際政治

日本の対外関係に関わる政治に目を転ずると，終戦後，長らく日本の対外関係・安全保障の基軸であった，「核とドルの傘のもとでの一国平和主義」は，21世紀に向けて，その限界を露呈しつつある．それでも，資源小国の日本は，グローバリゼーションの波の中で，良好な国際関係を保っていかなければならない．ODAの恩恵を受けている国から感謝もされず，「小切手外交」などと揶揄されるような外交手法では，21世紀を乗り切っていけないのは明らかだ．
　加えて，情報化を軸として，国境を越えた，さまざまなレベルでのネットワークが形成されている．従来，国家と国家の関係で論じてきた国際政治という範疇を大幅に拡大して，さまざまなレベルで，さまざまなベクトル方向の国際関係を整理し，方向を見定めなければならないときが来ているのだ．
　第II部「21世紀の国際政治」では，このように転機に立つ日本の国際関係のあり方について，主として「安全保障」「国際交流」の2つの視点から切り込んでいく．
　石井の「日本の安全保障をめぐる諸問題」では，「経済一流，政治三流」と言われ，経済力に見合った国際的地位を必ずしも得られていない日本の国際社会の中での現状を，日米同盟や対中国関係などから描き出している．
　その上で，21世紀に向けての日本の9つの憂鬱なシナリオ——①日米同盟の破綻，②米中対立，③米中提携，④中国の解体と混乱，⑤統一した朝鮮が核兵器を持ったまま，反日的であり続ける，⑥統一した中国が台湾海峡を支配する，⑦日本の軍備増強，⑧経済ブロック化，⑨世界で核テロ，サイバー・テロ，環境テロが横行する——を提示し，その対比として，3つの明るいシナリオ——①「相互依存論」による平和のシナリオ，②「デモクラティック・ピース論」によるシナリオ，③「コンストラクティヴィズム」によるシナリオ——を提示している．
　丸山の「国際交流・民際交流」では，国際交流・民際交流が発達しつつある現代社会を理解する前提として，国際交流の歴史をひもときながら，今日の国際社会が，相対立する2つのベクトル方向を持っていることを指摘する．第一の方向は，グローバル化による国家主権の浸食・画一化と，リージョナル化によるEU，ASEAN，NAFTAなどの地域ブロックの成立．第二の方向は，「文明の衝突」に代表される，反動としてのナショナル化の動きである．
　こういった動きをふまえ，21世紀の日本の国際化の中でのNGO，民際交流の，市民の自主的活動によるボトムアップの方途について論じている．

5 日本の安全保障をめぐる諸問題

石井　修

1　20世紀末の暗い風景

日本経済力の長期的衰退と国際的孤立化

　日本はいまだ不況の長いトンネルのなかにいる．1980年代後半のバブル経済がはじけて，1991年に暗転した．うなぎ昇りだった株価や地価が急落．本来的には，これはきわめて不自然な状態を是正したとして，肯定すべきことである．しかし，そのあとにきた金融機関の不良債権の累積に対して，政府や大蔵省は敏速に対応できなかった．とりわけ，財政再建にあくまで拘わった橋本内閣によって1997年4月に行われた消費税の3％から5％への引き上げ，特別減税の廃止，医療費の患者負担分の増額は，風邪引きに冷水を浴びせるように，不況をより深刻にし長びかせた．痛恨の政策ミスである．かくして，1990年代は日本の「失われた10年」となった．リストラ，破産，失業率上昇のなかでどこかの国のGNPにも匹敵するような60兆円もの巨費が小渕内閣によって公共事業などに投じられることになった．無策，失政に対する痛いツケである．古老議員や世襲議員のはびこるなかで，日本の舵とりをまかされた政治家たちの資質は低下し，日本政治は迷走を続けている．小選挙区制導入で目指された二大政党制も見えてこない．連立による自民党支配は旧態依然の派閥政治や数合わせに明け暮れている．加えて，大蔵省や防衛庁などの官僚の汚職や警察庁の怠慢ぶりが明るみに出てきた．戦後の日本を引っ張ってきたエリートた

ちはいつしか使命感を失い，サラリーマン化したかにみえる．しかも日本の将来を担う若者も含めて，あたかも日本全体が"制度疲労"に陥っているかのごとき様相を呈している．日本社会全体が退嬰的で，享楽主義に堕しているのではないか．

1990年-91年の湾岸戦争で，日本は130億ドル（1兆3,000億円．乳飲み児までいれ，日本国民1人当り1万円に当る）を負担した．政府は増税までしてこの費用を捻出した．しかし，40億ドル，そして90億ドルと小出しにしたこともあって，"too little, to late"と言われ，米高官は"ヒト"でなく"カネ"による一種の責任回避を「小切手外交」と冷笑した．湾岸戦争のあと，クウェート政府が『ニューヨーク・タイムズ』などの米国の主要紙に感謝広告を出した30数か国のなかに日本国の名前は見出せなかった．イタリアは軍艦を一隻出動させただけであったが名前が出た．130億ドルは米国の使った戦費を上回るものとなったが，その使途は不明のままである．湾岸戦争に日本外交は実に無残な「敗北」［手嶋，1993］を喫したのである．このあと，1992年6月に国会は「国連平和維持活動（PKO）協力法」を成立させることとなる．

戦後，ながく米国の「核とドルの傘」のなかで，日本は「一国平和主義」「一国繁栄主義」を享受してきた．日本は国連分担金では米国の25％についで20％の第2位．英仏中露などの安保常任理事国の分担額を合わせた額に迫るものである．対外援助の分野では，ODA（政府開発援助）で世界首位の座をここ数年保っている．しかし，日本のこうした"カネ"だけの貢献でその役割を国際社会に認めてもらうには限度がある．中国は日本のODAの恩恵を最も受けていながら，国民にその事実を知らそうとしないし，日本に対して感謝を表わそうとしない［表1参照］．「現金引き出し機」とか「小切手外交」とか揶揄される近年のこうした日本外交の効用には限界が見え始めている．

しかも，長期的視点に立てば，日本の経済力を含む総合的国力は衰退しつつある．少子化，高齢化に伴う国家財政への負担の増大．財政赤字の増

大．財政再建と福祉国家型社会の維持との兼ね合わせ．労働力の基礎をなす教育全般の危機．産業の空洞化．企業は拠点を海外に移し，活動を展開している．日産がルノーに合併されたようにグローバルに国境を越え，企業の系列化が進んでいる．日本経済は否応なくグローバリゼーションの波に乗らねばならない．

かつて日本がリードしていた鉄鋼，自動車，さらには半導体においても，日本は韓国や中国などの国に追い上げられている．反面，必要とされる産業の高度化では大きく遅れをとっている．21世紀を迎えて，深刻な問題は，日本が米国に情報通信産業で大きく引き離されてしまったことである．1993年に米国でクリントン政権が発足したときゴア副大統領が「インフォメーション・スーパーハイウェイ」を提唱し，情報ネットワークの拡充をはかった．日本にはそうしたヴィジョンが生まれなかった．また米国は韓国のGDP（国内総生産）に匹敵するとも言われる資産を持つビル・ゲイツを生み出すようなベンチャービジネスを育成する土壌をもっていた．とりわけ，情報産業のソフト開発や遺伝子工学の分野で，日本は米国に大きく水をあけられてしまった．世界の情報のグローバル化に対応するための教育も遅れている．

日本が資源小国であることはいまも変りはない．食糧やエネルギーはその大部分を海外に仰いでいる．1973年や1979年の石油危機に際しては，日本は米国と対立してまで，中東に対する「油乞い外交」を強いられた．

表1　日本の２国間ODAの10大供与先・供与額

（支出純額ベース，単位：百万ドル，％）

2国間援助計（1995年）			
順位	国又は地域名	実績	シェア
1	中　　　　国	1,380.15	13.07
2	インドネシア	892.42	8.45
3	タ　　　　イ	667.37	6.32
4	イ　ン　ド	506.42	4.80
5	フィリピン	416.13	3.94
6	メ キ シ コ	286.29	2.73
7	スリランカ	263.70	2.50
8	バングラディシュ	254.89	2.41
9	エ ジ プ ト	242.75	2.30
10	パキスタン	241.03	2.28
10 カ国合計		5,153.15	48.81

出所：長谷川雄一・髙杉忠明編『現代の国際政治』ミネルヴァ書房，1998年，367頁より．

「日本のアラブ外交はアブラ外交」と，日本人は自らの直面する厳しい現実を自嘲気味に形容した．1973年に，米国のニクソン大統領が自国の都合で大豆の輸出を一時的に輸出禁止をしたときに，一番慌てたのは日本だった．日本は食糧やエネルギーの供給地を多元化していかねばならない．その意味で，北海道の北のサハリンの石油，天然ガスを日本本土へパイプラインでつなぐことは喫緊のことである．また，石油，原子力以外のエネルギーも早急に開発される必要がある．

「日米同盟」の漂流

冷戦終焉の頃，米国の世論調査で「日本がソ連より脅威」という結果が表われた．ソ連でゴルバチョフ共産党書記長が1985年に登場し，それ以後，急速に米ソ関係が良好になっていた．ちょうどその頃，日本産業の競争力は強く，米国の対日貿易赤字は膨らみ続けていた．半導体の製造でも日本は他を圧していた．こうしたなか，米国の「ジャパン・バッシング」（日本叩き）が激しくなった．その先駆けは，シオドア・ホワイトの論文「日本からの脅威」（1985年）で，「第二次大戦の真の勝者は日本だった」との論旨を展開した．霞ヶ関（官界），永田町（政界），財界の「鉄のトライアングル（三角形）」や「日本株式会社」などの言葉で，戦後日本で続けられてきた政府の産業保護・育成政策が槍玉に挙げられた．さらに1980年代後半の日米間の「構造協議」（SII）では日本の商慣行（大店法，系列など）や各省庁の許認可（薬品，農産物，自動車などの輸入に際して厚生省，農水省，通産省などが求める細かい基準），談合，さらには日本文化・社会そのものまでもが俎上にのせられた．「日本は資本主義だが市場経済ではない，異質だ」との「日本異質論」「リヴィジョニズム」の非難が日本に投げかけられた．リヴィジョニズムの旗手であるチャーマーズ・ジョンソンは，「米国は日本を守ってやることを止めるべきだ．日本は自国の防衛を手抜きして，カネ稼ぎに狂奔している．日本は日本人で守らせるべきだ」といった趣旨の議論を展開した．米国は1980年代に減税

と軍拡とを同時に進めたため，財政赤字が膨らみ続けていた．日本は当時もいまも世界一貯蓄率が高いが，米国の財務証券（トレジャリー・ビル）を買うことで，この財政赤字の穴埋めを手伝う形となっている．

　日本はバブル経済を謳歌していた．国内で行き場のなくなった資金は海外へと向った．日本からの資金はあるいはハワイのワイキキの，あるいはオーストラリアのゴールドコーストの不動産物件へと向かい，地価や物価を高騰させ現地住民を不安に陥れ，憤懣をひき起した．1980年代末に，ソニーが米国のコロンビア映画を，そして三菱地所がニューヨークのマンハッタンの中心部にあるロックフェラーセンターを買収したときには，ついに米国の"象徴"や"文化"や"魂"が日本のカネで買われたとして，「日本脅威論」が現われた．米国人は「米国が日本の植民地にされる」と恐れもした．バブルがはじけたあと，三菱地所はロックフェラーセンターを大損して売り戻したが，これはのちの話である．

　ここに日米関係の危うさがある．英国やドイツが米国の資産を買収してもこれほどの反発は招かない．しかし日本は違う．日本が1941年にハワイのパールハーバーを奇襲攻撃した国だからか．それとも肌の色が違うためなのか．日米「同盟」は戦後の「成功物語」（栗山尚一元駐米大使）だった．しかし冷戦の終焉とともに，ソ連という「共通の敵」を失った同盟は，暖かい気候で氷山がひび割れたように海を「漂流」［栗山，1997，船橋，1997］し始めた．

　米国では保守派の一部ではあるが，パトリック・ブキャナン［Buchanan, 1999］らに代表される「アメリカ・ファースト」（米国第一主義）派のように，米国に根強くある孤立主義への回帰を主張している．国連などのあらゆる国際機関から，そしてNATOなどのあらゆる軍事同盟からの脱退，あらゆる対外援助の廃止，海外からの米兵の撤退，などを唱えている．そして米一国だけの軍備増強（いわゆる「アメリカの要塞」）の立場をとる．こうした孤立主義は現在は少数派のものでしかないが，将来，広がっていかないとの保証はない．1999年10月に米連邦議会が包括的核

実験禁止条約（CTBT）を批准拒否したのは，米国における「新孤立主義」の一端を垣間見せた例である．

日本においては，「アメリカ，出て行け」が長い間叫ばれてきた．冷戦中には，米軍が日本に存在するために，余計な戦争に巻き込まれる，との不安もあった．基地の密集する沖縄や関東地方では米軍基地縮小の要求がなされてきた．1995 年 9 月に沖縄の若い米海兵隊 3 名が日本人少女に性的暴力を加えた事件が発生．改めて，基地問題を浮き彫りにした．10 月の沖縄県民総決起大会には 8 万 5,000 もの人が集まった．当時の太田昌秀知事は在任中，沖縄県が不当に犠牲を強いられていることを訴え，基地縮小をはかろうとした．県庁は米軍基地を撤廃する独自のアクション・プログラムを発表した［グリーン，クローニン，1999］．

沖縄県民の意向に応える形で，日米の政府は普天間基地の返還に合意した．ただし，代替施設を用意しろ，との条件付きであった．この問題は太田知事の任期中には解決せず，後任の稲嶺恵一知事に引き継がれた．1999年 11 月末，稲嶺知事は代替のヘリポート建設を名護市にあるキャンプ・シュワブの近くに決定し，市長に申し入れた．しかし，名護市民の間には反対者がいぜん多い現状である．

野党民主党の政治家が「基地なき同盟」「有事のみに米軍の来援を頼む」との提案をし，与党自民党の議員に「ピザの出前ではないんだ」と皮肉られた．石原慎太郎・東京都知事も米軍基地の縮小を唱えるひとりである．将来的に，米国の孤立主義と日本の反米ナショナリズムとが呼応し合って，日本からの米軍撤退が行われる可能性もないとは言えない．そのとき，「日本の安全保障をどうするのか」という問題はいま以上に厳しく問われることになろう．

95 年 2 月には「アジア太平洋で米軍 10 万人体制を堅持する」との米国防省の報告書『東アジア戦略報告』（通称「ナイ・レポート」）が発表された．10 万人のうち日本には 4 万 5,000，韓国に 3 万 7,000，残りは洋上に留る，というもので，米国のアジアからの撤退がないことを強調した．

「漂流」する日米同盟をつなぎとめる試みは，1996年から97年にかけてなされた．96年4月にクリントン大統領が来日し，橋本首相との間で，「日米安保共同宣言——21世紀に向けての同盟」を共同声明の形で発表．9月には，日米間に「新ガイドライン」が合意された．これは1978年の「日米防衛協力のための指針（ガイドライン）」の見直しであった．これにより，日米安保条約第6条で規定された「周辺事態」に対処する具体策が決定された．いわゆる「有事」（明言されていないが朝鮮半島や台湾での）の際，日本の民間空港や港湾などの施設を米軍が使用できる．国連安保理決議に基づく経済制裁の実効性を高めるための船舶の臨検を日米が協力して行う，などがその内容である．この「10万人体制」は米国側の決意の表明であろうが，むろん未来永劫に続くものではない．

　日本の不況とそれと好対照の米国での未曾有の好景気により，日本叩きは1990年代半ばをピークに一応鳴りをひそめていた感がある．その後，「ジャパン・バッシング」に替って，「ジャパン・パッシング」あるいは「ジャパン・ナッシング」の語で表される「日本無視論」へと米国の空気は変っていった．1997年夏にタイの通貨「バーツ」が急落し，アジア通貨危機が広がり，韓国や東南アジアは厳しい不況におちいった．またロシアも経済恐慌のなかにあった．この頃から"日本よ，しっかりしろ，さもなければ，アジア発の世界同時不況が起こるかもしれない．日本は早く不況から脱して，アジアの経済大国としての責任を果たせ"，との「ジャパン・プッシング」「ジャパン・キッキング」とも呼ぶべきの状況が生まれている．不況期には円安を利用して輸出を増大させ，景気を回復させる，という常套手段がとられ，日本は対米黒字を膨らませているが，日本の景気回復を待ち望む米国は，この対米貿易黒字については，今のところ，不問に付しているかのようである．しかし，日本の景気が回復すれば，日米間の貿易摩擦が再び表面化するだろう．

図1 アジア太平洋地域における主な兵力の状況（概数）

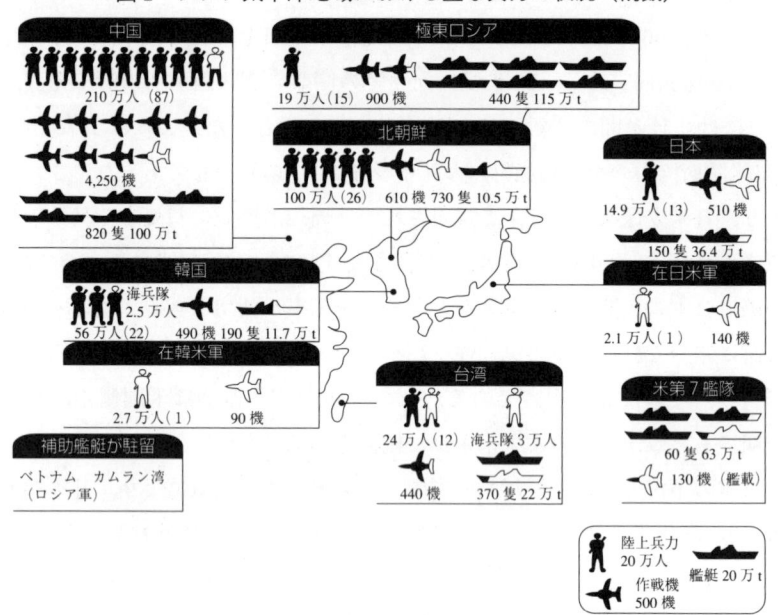

中国
210万人（87）
4,250機
820隻 100万t

極東ロシア
19万人（15） 900機
440隻 115万t

北朝鮮
100万人（26） 610機 730隻 10.5万t

日本
14.9万人（13） 510機
150隻 36.4万t

韓国
海兵隊 2.5万人
56万人（22） 490機 190隻 11.7万t

在日米軍
2.1万人（1） 140機

在韓米軍
2.7万人（1） 90機

台湾
24万人（12） 海兵隊3万人
440機 370隻 22万t

米第7艦隊
60隻 63万t
130機（艦載）

補助艦艇が駐留
ベトナム カムラン湾
（ロシア軍）

陸上兵力 20万人
作戦機 500機
艦艇 20万t

注1：資料は，ミリタリー・バランス（97～98）などによる（日本は97年度末実勢力）．
　2：在日・在韓駐留米軍の陸上兵力は，陸軍および海兵隊の総数を示す．
　3：カムラン湾ロシア軍の兵力は，極東ロシア兵力の内数である．
　4：作戦機については，陸軍および海兵隊機を含む．
　5：（ ）は，師団数を示す．
出所：「防衛白書」1998年版．

中　　国

　1991年の湾岸戦争は中国を愕然とさせた．ソ連製の兵器が米欧のハイテク兵器に対して歯が立たなかった．中国のもつ巨大な軍事力がハイテク戦争において"無用の長物化"していることを思い知らされたのである．このあと中国は軍事の近代化に精を出すことになる．ゴルバチョフ時代のソ連と和解を果たした中国は，長いロシアとの国境線での警戒をゆるめ，陸上兵力の削減を行う一方で，長距離ミサイルの開発，核兵器の改良，空軍や外洋艦隊の拡充などに力を入れている．空母も建造しようとしている．削減したとは言え，陸上兵力は210万を数える［図1参照］．

地図1　東アジア全図

出所：Kent E. Calder, *Asia's Deadly Triangle*（London：Nicholas Brealey Publishing, 1996, 1997）

地図2　東アジアの島と海峡

出所：Kent E. Calder, *Asia's Deadly Triangle* (London, Nicholas Brealey Publishing, 1996, 1997)

中国の経済成長に伴い，国防費は増大し，米ドル換算で世界第8位前後の規模になった．1949年10月の共産党政権発足以来，中国は多くの戦争を戦い，軍隊は実戦経験を積んでいる．朝鮮戦争，中越戦争は本格的な戦争であった．ソ連やインドとも国境紛争で武力衝突にいたった．中国はベトナム戦争にも密かに兵力を送り込んだ．政権発足直後には西方のチベットを武力で掌握し，1959年，チベットで89年人民蜂起が起ったとき，北京政府はいずれもこれを武力で鎮圧した．

　中国には未解決の問題として，台湾との関係がある．中国は台湾の武力解放もあり得る，との態度を崩していない．台湾の李登輝総統の訪米や，台湾の選挙の際には台湾の周辺へミサイルを発射したり，広東省で軍事演習を行い，台湾へのゆさぶりをかけた．日本最西端の与那国島は台湾から111キロしか離れておらず，水しぶきを浴びるほどだった．

　南シナ海に浮かぶスプラトリー諸島（南沙諸島）に石油の埋蔵が確認されるや，中国とフィリピン，台湾，ベトナムなど6か国（および「地域」）との間で領有権問題が表面化した．中国は1992年に領海法を全国人民代表大会（全人代＝中国の議会）で採択し，広く南シナ海を自国の領海と規程した．そして，95年はじめスプラトリー諸島のひとつであるミスチーフ環礁に建造物を作り，フィリピンとの関係に緊張をもたらした．中国は日本が自国領土とする尖閣列島にも領有権を主張している［地図1，2参照］．

　中華帝国はかつて近隣諸国との間に朝貢制度をしき階層的な秩序を保った．ベトナムや朝鮮，それに沖縄（琉球王朝）も中国へ使節を送った．今日近隣諸国は中国が強大化することを不安に思っており，アジア太平洋での米国のプレゼンスを歓迎しているが，本音はなかなか表に出さない．しかし，シンガポール建国の父で，首相引退後に上級相を務めるリー・クアンユーは2000年の初めに『朝日新聞』とのインタビューで次のように語っている．「日本はこの地域の均衡を保つうえで必要なプレーヤーです……将来は日本と米国が中国をバランスさせることが必要になります．」

NATO 軍によるコソボ爆撃はさらに中国に衝撃を与えた．チベットや台湾の問題をかかえる中国と，コソボをかかえるセルビア（新ユーゴスラビア）との間にパラレルな関係をみるからである．とくにコソボ爆撃が国連の手続きを踏まなかったことに不安を感じた．中国は米国主導の国際秩序（「独覇」＝単極構造）に不安と不満とをもっており，19 世紀ヨーロッパの多極構造を現代の世界に再現させたいと望んでいる．その外交態様は伝統的なパワーポリティクスのそれである．しかも中国には 19 世紀後半以降欧米から，そして 20 世紀には日本から受けた屈辱の歴史があり，歴史への怨念がある．この屈辱を晴らすことは国民的悲願である．

　中国は 1950 年代後半「大躍進」政策という経済発展計画と 60 年代後半の「プロレタリア文化大革命」により経済発展が遅れ，外交的にも孤立した．70 年代終わりころから開放政策をとって急成長を遂げている．2000 年の時点で，中国の GDP は世界第 8 位である．

　米国は伝統的に「ザ・グレート・チャイナ・マーケット」（大中国市場）に魅惑されてきた．いまや公表されている人口 12 億（実際には 13 億とも言われる）の巨大市場は日本や欧米にとって大きな魅力である．米国は 1989 年の「天安門事件」を忘れずに，「人権カード」を切ろうとするが，中国は「市場カード」で切り返す．クリントン大統領は天安門事件後，米国大統領として初の中国訪問を行い，9 日間も滞在した．多くの財界人を引き連れての訪中だった．このとき日本には立ち寄らず，素通りした．

　中国は日本に対しては「歴史カード」をくり返し切りながら，日本から ODA（政府開発援助）を引き出そうとする．江沢民国家主席が訪米の際，わざわざハワイのパールハーバーを訪れ，米中が戦勝国であったことを謳いあげたことや，訪日の際に高圧的に謝罪をくり返し求めたことは，日本人に苦い思いをさせた．いまや日本の対中 ODA の累積は，無償 2,000 億円，円借款 2 兆円を超えた．日本の ODA 受け入れとしてはインドネシアを抜いて，トップである．中国にとっては「歴史カード」は魔法の錬金術である．日本が敗戦したあと中国の蒋介石，そのあと毛沢東は日本から賠

償要求をしなかった．しかし現在，中国の要人がくり返し「日本は賠償を払わなかったのだから」との論理で当然のように援助を要求する状況を考えると「タダより高くつくものはない」との感想も生まれてくる．例えば，北京の地下鉄が日本のODAによって建設された事実を知る中国人は殆どいないだろう（もっとも，日本でも新幹線や首都高速の一部が世界銀行からの借款により賄われたことを知る日本人も少ないだろう）．また中国は発展途上国であるとのポーズをとっているが，現実にはその域を脱しようとしており，ODAもそろそろ卒業の時期に入っている［表1参照］．

アジアの経済成長と潜在的危機

アジアは通貨危機の苦しみを味わったが，韓国をはじめとして危機からの脱出を果たしている．アジアは再び成長の段階をのぼっていくだろう．この地域が豊かになることは，日本にとっても喜ばしいことである．しかし．プリンストン大学教授のケント・カルダー（現在，米駐日大使顧問）が指摘しているように［カルダー，1996］，成長が新たな問題を生み出す可能性もある．第1に，軍拡競争の危険である．中国やマレーシアをはじめ，アジアの国ぐにには豊かになった分，軍備拡大にカネを回している．A国が軍備を増強すれば，B国もそれに対抗する．どこまで軍備を持てば一国として安心できるのか，わからなくなる．「安全保障のジレンマ」の状況である．また，国が豊かではなく，むしろ国家経済が殆ど破綻している朝鮮民主主義人民共和国（北朝鮮）は，国家予算の大半を軍事費にあてている．また，外貨稼ぎのため，ミサイルや核兵器の技術を他国に売っており，武器移転の問題をひき起こしている．中国も同様にパキスタンやイランにミサイルや核の技術を売っている．北朝鮮は「核カード」を使うことで，国際的孤立から脱却し，また援助を手に入れようとしている．1998年8月に「テポドン」ミサイルを日本列島の頭を越えて，太平洋に着水させた．

現在アジアには，安全保障についての多国間対話の枠組みがない．この点で，ヨーロッパとは異なっている．ヨーロッパ諸国は第二次大戦のとき

図2 ASEAN外相・拡大外相会議とARFの参加国・機構

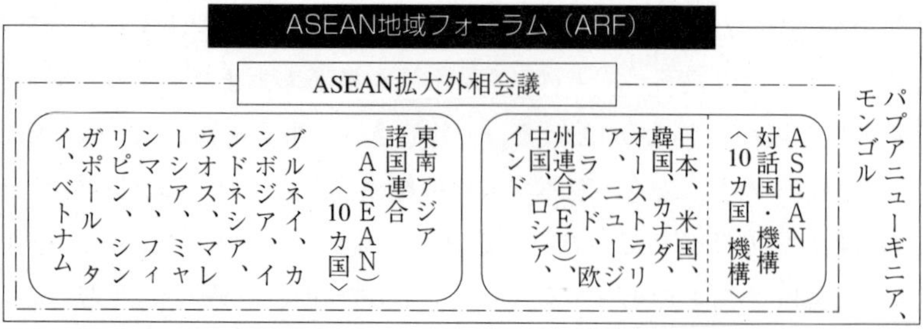

ASEAN地域フォーラム（ARF）

ASEAN拡大外相会議

東南アジア諸国連合（ASEAN）10カ国
ブルネイ、カンボジア、インドネシア、ラオス、マレーシア、ミャンマー、フィリピン、シンガポール、タイ、ベトナム

ASEAN対話国・機構 10カ国・機構
日本、米国、韓国、カナダ、オーストラリア、ニュージーランド、ロシア、欧州連合（EU）、中国、インド

ASEAN拡大外相会議へ

ASEAN地域フォーラムへ

パプアニューギニア、モンゴル

出所：朝日新聞，1999年7月21日．

まで幾度となく戦争をくり返してきたが，その反省もあって，現在，数多くの安保枠組みを持つ．主要なものだけを拾ってみても，54か国が加盟する全欧安保協力機構（OSCE），19か国が加盟する北大西洋条約機構（NATO）がある．将来，西欧同盟（WEU）は欧州連合（EU）の軍事機構になるかもしれない．かつて，戦争をひき起こしたドイツはいま，これらの組織のなかに二重，三重に「封じ込め」られていると言ってもよい．ヨーロッパは地理的にもまとまっており，文化も比較的，同質である．一方アジアは，地理的には，大陸国家，島嶼国家（海洋国家）とまちまちで，宗教的にも仏教，イスラム教，ヒンドゥー教，キリスト教など多様である．また中国，インドネシア，インドのように人口大国が存在する．アジアでは植民地の地位から脱して，国家建設（国民統合）の途上にある国が多く，ナショナリズムが強い．またそれぞれが少数民族の問題を抱えている．このアジアで安保枠組みを作ることは容易なことではない．

　現在，枠組みの核になりそうなものとして，もっとも有望なのはアセアン地域フォーラム（ARF）［図2参照］であるが，これはもともと東南アジアの組織である．東アジアにはこれに相当するものはない．強いて言えば，「朝鮮半島エネルギー開発機構（KEDO）」であり，北朝鮮が核兵器を作ることをやめさせて，そのかわりに核の平和利用を日，韓，米が資金を出して手伝う組織である．朝鮮戦争（1950年-1953年）は休戦の状態にあ

るにすぎないが，中，米，南北朝鮮の4か国協議の枠組みに日，露が加わることになれば，将来，東アジアにも安保組織が出来上がるかもしれない．当面，もっとも目を離せないのが，北朝鮮情勢，それに次いで中国の台湾統一の問題である．中国は台湾への示威行為をくり返している．インドとパキスタンは1999年に核実験を行ったが，カシミール地方の境界線で睨み合いを続けている．インドはまた過去に中国と戦ったが，中国に対して烈々たる闘志を燃やしている．

　中国は人口増大と経済成長にともなって1993年に石油輸出国から輸入国へと転じたが，アジアの経済成長はエネルギー不足，食糧不足，環境問題を生み出し，この地域を不安定にするマイナス要因ともなりうるのである．

2　21世紀の9つの憂鬱なシナリオ

日米同盟の破綻

　米国はその世界戦略の一環として，米軍を日本に（とりわけ沖縄に）駐留させておくことに利益を見出している．極東を睨んでいるだけでなく，インド洋，ペルシャ湾へ比較的容易に兵力を移動できる．ましてや，日本政府が米軍駐留経費のおよそ70％を負担（HNS＝ホスト・ネーション・サポート）していればなおさらである．冷戦後，米国政府は自国領土内で基地削減を断行している．地元経済はそのため深刻な打撃を受けているにもかかわらずである．米国が軍隊を日本に駐留させる方が，自国内の基地を維持していくより安上がりのメリットがある．

　しかしながら，日米同盟の終焉は，次のいくつかのケースで起こりうる．

　(a) 日米安保条約第6条に想定される日本の「周辺事態」（いわゆる6条事態）で，米軍が軍事行動を起こし，米兵に死傷者が出ているときに，日本人が後方でそれをただ見守っているだけの場合．米国の国内世論は急速に同盟解消の方向に向うであろう．湾岸戦争のときのように，日本がカ

ネの「貢献」だけで，ヒトの「貢献」をしなかったような事態をくり返すことはむずかしいだろう．にもかかわらず，東ティモールでも日本はカネだけですませようとしている．

(b) 米国が伝統的な孤立主義へ回帰し，「世界の警察官」をやめる場合．米国は朝鮮戦争やベトナム戦争でそれぞれ5万人の戦死者を出したが，この反省に立って，その後，戦死者を出さない戦争を考えるようになった．湾岸戦争，コソボ戦争はその例である．アフリカのソマリアへ人道的介入を行い，米国兵士が殺されて町中を引き摺り回された光景がテレビに映し出されたとき，米国市民は無念さに涙を流した．この無念さが「軍事革命」という，人間に代わってロボットその他の機械に未来の戦争を託す概念を生み出した．ボスニアやコソボさらには東ティモールなど米国とは関わりの薄い地域への介入には消極的になっている．他方で，「手を汚さない戦争」の出現は米国や多の同盟国が，地域紛争へ介入することへの心理的抵抗や慎重さをなくしてしまう恐れもある．

(c) 何らかの事件をきっかけに日本から「ヤンキー・ゴーホーム」の大合唱が湧き起こり，米軍が撤退を決定した場合．1990年代初めにフィリピンでこうしたことが実際に起こった．フィリピン内部で「ヤンキー・ゴーホーム」の声が高まったため，米比条約に基づいて，フィリピンに駐留していた米軍は，クラーク空軍基地とスービック海軍基地からあっさりと撤退したのである．最近フィリピンは米軍の後ろ盾のなくなったことを心細く思い，再び米国にラブコールを送り始めている．2000年に入って米比合同軍時演習が久し振りに行われた．日米関係がギクシャクしていた頃，オーストラリアが日本に代わって米軍の駐留を歓迎する，との発言をした．この時には，米日両政府はこれに冷淡な反応を示した．しかし，米国が日本から出て行く可能性はありうるのである．

米軍の日本からの撤退は，日本に安全保障上のいくつかの選択を迫ることになる．①日本独自に軍備強化に走り，核武装を行う．日本のように都市に人口の密集した都市型国家が核兵器を持つことはナンセンスである．

②非武装中立を宣言する．もし他国に侵略を受けた場合，あくまでゲリラ戦を戦うシナリオと早ばやと降伏するシナリオとがある．前者は，護憲派の一部が一時期口にしたことであり，後者は英国在住の日本人経済学者である森嶋通夫という人の議論である．③中国の勢力圏に入る．日本の「フィンランド化」のシナリオである．第二次大戦後ソ連の隣国フィンランドはソ連と一種の軍事同盟を結び，安全保障における自立性を失った．日本ばかりでなく韓国（あるいは統一された朝鮮）がともに中国の支配下におかれるかもしれない．

米中対立

中国は米国の「覇権主義」に強く反対しており，軍事力の近代化で，米国を追いかけている．米国の一部にも中国を「潜在的敵性国家」とみる傾向がある．ハーヴァード大学の政治学者サミュエル・ハンチントンは「異文明間の衝突」を描く著書のなかで，米中戦争のシナリオを描き，日本が中国の側にくっ付くとしている．これとは別に，中国がアジアでの覇権を唱えるにともない，日本とインド，インドネシア，ベトナムなどの反中同盟ができるとのシナリオも描くこともできる．

米中提携

1971年夏の「ニクソン・ショック」は，日本人にとっての悪夢であった．翌年，ニクソン米大統領は訪中し，日本の頭越しに米中和解を行った．したがって，前述のようにクリントンが日本に立ち寄らずに，中国に9日間も滞在すると日本人は大変神経質になる．中国の強大化する軍事力とは対決せず，拡大する中国市場に惹かれていく．経済力が低下し，軍事的に無力な日本は隅に押しやられてしまう．20世紀のアジアに歴史は日米中の三国志であったとも言える．三国間関係はもともと大変厄介な代物である．

中国の解体と混乱

　中国は，大まかに言って，漢，満，回（ウイグル族），蒙（モンゴル族），蔵（チベット族）の五族より成り立っているとされる．中国の経済発展は貧富の差とともに，地域格差をもひろげつつある．外界に接する沿岸部や長江（揚子江）流域の諸都市の繁栄と，それにとり残された内陸部との間で対立が生じる．中国の3000年の歴史は，内乱と統合とのくり返しに彩どられてきたが，21世紀に巨大な中国がいくつかの国家に分裂する可能性を全く否定することはできない．その際，平和裡に「協議離婚」し，ゆるやかな連邦制を作ることも考えられるが，一方，内戦や混乱，大量の難民の発生も考えられる．

統一した朝鮮が核兵器を持ったまま，反日的であり続ける

　南北朝鮮の再統一は，どんな形を取るにせよ，21世紀に実現する．現在，日韓関係は金大中政権のもとで好転している．しかし，統一朝鮮が日本と良好な関係をもてるかどうかは確かなことではない．朝鮮半島の人びとにとっては，豊臣秀吉の朝鮮出兵以来の屈辱的な歴史の記憶は容易に消えないであろう．日韓関係は戦後20年たった1965年まで正常化しなかった．北朝鮮とはいまだ国交がない．「従軍慰安婦」問題もくすぶっている．他方，朝鮮半島の人びとは歴史的に中華帝国の強大な影に怯えながらも，文化的親近感を持っている．統一コリア（朝鮮）が親中的であっても，親日的である保障はない．

統一した中国が台湾海峡を支配する

　海外に食糧や石油その他の原料を大幅に依存する日本にとって，シーレーン（航海路）の確保は死活的な問題である．すでにみたように中国は92年に領海法を全人代で採択し，広く南シナ海を包み込む海域を領海と規程した．日中関係が険悪化すれば，日本の船舶は台湾海峡を通過できなくなり，遠回りを強いられる．

日本の軍備増強

これは，以上のシナリオと関連するか，あるいは関係なしにも起こりうる．米国の国際政治学者で「リアリスト」に分類されるケネス・ウォルツ教授は冷戦終焉のあと，日本は核武装すると断言した．日本が「経済大国」化しており，軍事大国となるのは自然の勢いであり，時間の問題である，との議論であった．もうひとりの冷徹なリアリストで，勢力均衡論者である，元米国国務長官ヘンリー・A・キシンジャーも日本は軍拡し，核武装をすると予言している．彼の場合，中国と日本を咬み合わせ，勢力均衡させる観点から議論をする．

少数派ではあるが，日本国内にこのような見解に同調する機運がある．とくに，日本の核利用の技術水準が高いことと，プルトニウムの蓄積が多いことで，日本での核兵器開発は容易であるとの見方（疑惑）が存在する．

経済ブロック化

欧州連合（EU）や北米自由貿易協定（NAFTA）が排他的になったときに，アジアもブロック化に進み，世界に経済ブロック化が蔓延し，世界経済全体が縮小する．

世界で核テロ，サイバー・テロ，環境テロが横行する

ある政府やグループが他の国やグループに対して，撹乱作戦を展開するケースは21世紀に増えるかもしれない．

以上9つ，あまりに憂鬱なシナリオを描き過ぎたであろうか．

3　21世紀の3つの明るいシナリオ

「相互依存論」による平和のシナリオ

経済的相互依存や人的な国際交流が進めば，相互理解が深まり，世界は平和へと向う，とする議論が古くからある．その原型は少なくとも哲学者

エマヌエル・カントにまでさかのぼる。19世紀半ば英国マンチェスター学派の自由貿易論者もこの流れのなかに位置づけられる。1980年代後半に、太平洋貿易は大西洋貿易を上回るようになった。またアジアの域内貿易も盛んになった。中国は対外貿易で4分の3が、外資で90%がアジア太平洋地域に依存している。巨大な人口をもつ中国は経済発展のために今後一層、アジア太平洋地域との関係を重視していく。中国は世界貿易機関（WTO）加盟の条件を米国と話し合い、1999年末合意に達した。中国の巨大化する経済力はアジア、ひいては世界経済にとって好ましい影響をもたらす。地方自治体レベルで多国間の局地交流（経済、文化）圏を広げていく。NGOなどの民間団体同士の交流も活発にする。こうしたことで相互理解が進み、また不信感や嫌悪感が次第に取り除かれて、紛争の防止に役立つかもしれない。

「デモクラティック・ピース論」によるシナリオ

「民主国家同士は戦争しない」という経験則がある。民主国家同士でも摩擦や対立は起こる。しかし、戦争という手段には訴えずに、平和的に問題の解決を図ろうとする。日米間には1980年代に深刻な経済摩擦が発生したが、外交的に解決した。日米間の軍事力の落差を考慮の外に置くとしても、日米間での戦争は考えられない。アジアでは、韓国、フィリピン、台湾などでは、冷戦の終焉の時期と前後して民主化がみられた。インドネシアでは1999年初めての自由選挙が行われた。パキスタンは1999年のクーデターで軍事政権へと逆戻りしたし、ミャンマーも軍事政権下にあり、民主化運動は抑圧されている。最大の問題は中国だが、平和裡に民主化へ移行した場合の、アジア地域への好ましいインパクトには計り知れないものがある。

「コンストラクティヴィズム」によるシナリオ

「コンストラクティヴィズム」学派は「リアリスト」学派に批判的な学

派の一つである．後者は，国家がいかなる国であっても自国の「国益」を追求して，合理的な計算のみに基づき行動する，と主張する．前者は，国家は国際的な規範やルールにしたがって行動し，他国と協調もし，一定期間経れば，複数国の間に共通のアイデンティティーを持つことができる，と論ずる．この前者の議論に従えば，アジアの国ぐにのなかに共通のアイデンティティーが芽生え，協調体制が生まれるということになる．具体的には，たとえば，東南アジアの「アセアン・テン（ASEAN TEN）」に日中韓が加わった「アセアン・プラス・スリー」が，地域の多国間協力のための枠組みとなる．これらの国ぐにの間にはアジアの国同士としての共通の利害関係を理念が認識され，ひとつの大きなコミュニティーを形づくる．

その道程へのひとつの道筋は「協調的安全保障機構」の構築である．"潜在的な敵対国"をも組入れた，信頼醸成や紛争の予防・解決にあたるこの制度がアジアにおいて必要なことは言うまでもない．

4　問われる日本の外交力

「明るいシナリオ」が実現するには時間を要する．日本の総合的国力と生活のレベルが長期にわたってゆるやかに低下していくなか，日本は外交力を養い，存分にその力を発揮していかなければならない．安全保障面では，地域の安全保障機構がいまだ出来ない以上（また，かりに出来たとしても），「日米同盟」を維持していく以外，日本の歩む道はない．なぜならば，同盟の消滅は日本の安全保障のあり方の激変を意味するからである．

しかし，「日米同盟」を維持しながら，同時に地域安保の枠組みを構築していくことは至難の業である．米国は基本的に"二国間主義"であり，一方，中国は「日米同盟」に大きな警戒感を示している．とは言っても，日本としては，この2国間関係（相手の国の事情があるとは言え）を維持しつつ，同時にアジア安保の枠組みの構築をするという，多層的構造を目指し，そのために外交を展開していかなければならない．世紀転換期のい

ま，日本の外交力が試されている．

後記：本稿は拙著『国際政治史としての20世紀』（有信堂，2000年）の内容と一部重複する箇所のあることをお断りしたい．

参考文献

Michael H. Armacost, *Friends or Rivals ? : The Insider's Account of U.S.—Japan Relations,* New York : Columbia University Press, 1996

Patrick J. Buchanan, *A Republic, Not an Empire : Reclaiming America's Destiny,* Washington, D. C.: Regnery Publishing, Inc., 1999

ケント・カルダー（日本経済新聞社国際部訳）『アジア危機の構図―エネルギー・安全保障問題の死角』日本経済新聞社，1996年

ラインハルト・ドリフテ（吉田康彦訳）『21世紀の日本外交―経済大国からX大国へ』近代文芸社，1998年

藤本一美，秋山憲治編『「日米同盟関係」の光と影』大空社，1998年

フランシス・フクヤマ，コンダン・オウ（近藤剛訳，渡辺昇一解説）『冷戦後の日米同盟―「成熟の歴史」終わりの始まり』徳間書店，1994年

船橋洋一『日本の対外構想―冷戦後のビジョンを書く』岩波書店，1993年

―――『同盟漂流』岩波書店，1997年

―――『同盟を考える―国々の生き方』岩波書店，1998年

『外交フォーラム』1999年特別篇『21世紀の安全保障―岐路に立つ日本外交』（北岡伸一監修）都市出版，1999年

五味俊樹，滝田賢治編『現代アメリカ外交の転換過程』南窓社，1999年

手嶋龍一『一九九一年日本の敗北』新潮社，1993年

マイケル・グリーン，パトリック・クローニン（川上高司監訳）『日米同盟―米国の戦略』勁草書房，1999年

細谷千博，信田智人編『新時代の日米関係―パートナーシップを再定義する』有斐閣，1998年

国分良成『日本・アメリカ・中国―協調へのシナリオ』TBSブリタニカ，1997年

栗山尚一『日米同盟―漂流からの脱却』日本経済新聞社，1997年

Mike M. Mochizuki, ed., *Toward a True Alliance : Restructuring U.S.—*

Japan Security Relations, Washington, D.C.: Brookings Institution Press, 1997

西原正，セリグ・S・ハリソン編『国連 PKO と日米安保——新しい日米協力のあり方』亜紀書房，1995 年

ドン・オーバードーファー，小島明『21 世紀の日米関係——経済・外交・安保の新たな座標軸』日本経済新聞社，1998 年

薬師寺泰蔵ほか『成熟時代の日米論争』慶応義塾大学出版会，1996 年

〈コラム〉 日米安保条約をめぐる問題点

　日米安保条約は，日本が米国のサンフランシスコで講和条約に調印した1951年9月18日と同じ日に調印された．この51年安保条約（旧安保）で米軍の日本への駐留が認められた．しかし，駐留米軍の日本防衛義務が明記されないなどの問題を含んでいたため，1960年1月に新条約が調印された（新安保，60年安保）．これは「安保改定」ともよばれる．新条約の第5条では，「日本有事」（日本へ直接攻撃が加えられた事態，"5条事態"）における駐留米軍の日本防衛義務と，日本が日本領内の米軍を守る義務とが同時に明記された．第6条は「周辺事態」（日本の安全が脅かされるような日本領土の周辺の事態）を想定し，日本に駐留する米軍が日本の基地から「極東」地域に出動することを認めた．新安保を国会が審議したときに，「極東の範囲」が問題として取り上げられた．政府見解はフィリピン以北で韓国，台湾が含まれることを示唆した．1980年には，政府見解は「極東の範囲に限られない」と拡大された．1996年，橋本＝クリントン首脳会談で発表された「日米安保共同宣言」では，「極東」に代って「アジア・太平洋地域」の表現が使用された．91年の湾岸戦争の際，在日米軍も出動したが，米国側の認識は，在日米軍の行動範囲はハワイから南アフリカの喜望峰までの地球半周なのである．96年の共同宣言は「日米安保再定義」とも呼ばれた．冷戦期には「ソ連の脅威」に対処することを主要な目的としていた日米安保は，冷戦後，地球上の紛争やその予防を行おうとするものへと，その性格を変えようとしている．しかし，地理的範囲の拡大は日本国内に論議を呼んだだけでなく，中国，韓国から批判を浴びた．

　96年共同宣言は1978年の「日米防衛協力のための指針」（ガイドライン）の見直しも謳った．78年のガイドラインは，米国側にすれば多くの不備があった．97年9月に新ガイドラインが合意されたが，日本周辺有事の際の日米間の協力事項が列挙された．機雷除去，国連の指定した国の船舶の臨検，米兵の捜索・救難，情報提供，邦人輸送，負傷兵の輸送，燃料・物資の補給，武器・弾薬の輸送などが含まれるが，多くは集団的自衛権の行使として日本国憲法に触れる，との指摘がある．現在，内閣法制局（したがって日本政府）は日本国憲法第9条の解釈で，「集団的自衛権」は認められないとの立場をとっている．

6
国際交流・民際交流

丸山直起

1 国際・民際交流とは何か

国 際 交 流

　一般に国際交流と文化交流はほとんど同じ意味で用いられることが多い．しかし，国際交流は国境を越える文化の流れだけにとどまらず，実際には国家間の多様な移動をすべて含んでいる．平野健一郎によれば，国際交流は，人々による国境を越えた交流の総称であり，いわゆるヒト，モノ，カネ，情報の国際移動のすべてを含むのに対し，文化交流には，交流によって文化が移動したり，交換されたりする現象を指す意味と，異なる文化間の交流を指す意味がある．したがって文化交流は必ずしも国際的な現象に限定されることはなく，国内でも起こりうるのである．

　上に述べた国際交流のなかで，たとえば，ヒトの移動を取り上げてそれがどのような影響を国際関係に与えるかを考えてみよう．ヒトの移動は，かつては民族大移動や異民族の侵入とともに生じ，20世紀に入ってからは第一次世界大戦，ロシア革命，ドイツのナチス政権の成立などに起因して大量の難民・移民という形をとって発生し世界中に影響を与えた．アメリカ，カナダ，オーストラリアなどの，いわゆる移民国家はこうした難民や移民の頭脳やエネルギーを吸収することによってダイナミックに発展してきたといえる．また，戦後長期にわたって国民の国境を越えた移動の自由を制限してきた東欧諸国でも，東独国民の大量脱出が発生し，1989年

ベルリンの壁が崩壊し，ついに戦後の東西冷戦にピリオドを打つにいたったことも忘れてはならない．この例はヒトの移動を国家の権力を用いて阻止することがいかに無益なことであるかを物語っている．1991年7月にロンドンで開催された先進国サミットの経済宣言は，移民（などのヒトの移動）が経済的・社会的発展に貴重な貢献をなしうるものであることをうたいあげたのである．

国際組織の役割

このようなヒトの移動を含む国際交流は，国際関係のグローバル化にともなってより広く，より深く進展してきた．そしてこのような国際交流が円滑に行われるためにはさまざまな国際的ルールや制度を統一するとともに，国家間の協力を促進し活動を監督するための国際組織が設けられることが不可欠となる．国際交流の本来の目的をとげさせ，交流にともなう副作用をできるだけ抑制することが必要となる．ヒトの移動にともなう国際的コミュニケーションを可能にするために早くも1875年には万国郵便連合（UPU）が成立するにいたった．われわれが海外と文通するのに何の不便も支障も感じないのはこの国際組織のおかげなのである．また，ヒトの移動にともなって伝染病などが国境を越えて蔓延することは何としても防がなければならない．そのためには伝染病を予防したり，疾病の上陸を水際で阻止しうるような管理体制が求められ，こうして，第二次世界大戦後の1948年に国際連合の専門機関として世界保健機関（WHO）が設立されることになった．また，国際的な雇用や労働条件などの調整を行うために1919年に創設されたのが国際労働機関（ILO）である．モノ，カネの移動についても同様にガット（関税および貿易に関する一般協定，1948年成立），およびそれが発展した世界貿易機関（WTO，1995年設立），さらに国際通貨基金（IMF，1947年設立），世界銀行（1946年設立）などが監視の目を光らせている．

民際交流

国際交流は，基本的には上述したように国家を中心に組み立てられた国際関係・国際政治観に基づいている．これに対して市民を核にした民際関係・民際交流の態様が当然考えられる．臼井久和が指摘するように，それは市民，自治体，NGO などによる交流ということができるであろう．こんにちの国際社会は，国家だけでなく，グローバル化の結果，国際組織や多国籍企業，それに NGO が行為主体として活動する混合行為主体システム（mixed-actor system）である（Young）．

グローバル化にともない，民間の交流もまた増加の傾向にある．

2　世界社会の成立

グローバル化への道

モデルスキーによれば，こんにちの世界社会（world society）はグローバルである．歴史上登場してきた多くの世界社会がひとつのグローバルなシステムに一体化されるにいたるプロセスこそグローバル化（globalization）とよばれるものである．近代以前の世界には帝国，あるいはウォーラーステインのいうところの世界帝国が存在した．ローマ，イスラム世界，中国などにあらわれた帝国である．これらの帝国は経済的には農業社会であり，自給自足を原則とし，秩序を重んじた．帝国内には道路がくまなく張り巡らされ，郵便網が構築されてコミュニケーションの迅速化がはかられた．だが，こうした世界にも文明は帝国の枠を越えてほかの地域に広がることがあった．絹の道などユーラシア大陸を横断し，あるいは地中海からインド洋を経由する東西のルートを通じて，交流がはかられ，文化などが異境の地に伝えられたのである．

グローバル化の時代が本格的に到来するのは，モデルスキーによれば，西暦 1000 年頃とされ，18 世紀後半以降の産業革命を迎えるころまで続く．グローバル化の先駆となったのはイスラム世界であった．7 世紀に開始す

るアラブの征服によって西はスペインから東はインドネシア，フィリピンにいたる最大の勢力圏がイスラムを精神的紐帯として出現したのである．それ以前のどの帝国よりも強力で，文化的にも高い水準をそなえていた．しかもイスラム世界は商業のネットワークによって経済的にも栄え，文化的，経済的に当時のヨーロッパをしのぐほどの力量を有していた．ムスリムの商人たちはキャラバンを連ね，船に商品を満載し，イスラム世界の外にも積極的に進出し，地中海はもとより，東アフリカ，東南アジアにも拠点を確保し，自分たちの居留地を作って，通商を活発に行い，イスラムの普及にも貢献したのであった．ムスリムたちは中国から製紙法を学び，羅針盤，火薬などとともにヨーロッパに伝えた．また，彼らのなかから後世のコロンブスに比肩するようなイブン・バットゥータなどの旅行家が輩出し，外部世界の貴重な情報をイスラム世界にもたらしたのである．

ヨーロッパ世界の拡大

ところが，そのイスラム世界の栄華も長続きせず，やがては衰退の一途をたどる．13世紀以後のモンゴルの襲来による徹底的な破壊がイスラム世界の凋落の大きな原因であったが，15世紀以降の「大航海時代」の開幕によりヨーロッパ諸国が海のルートを支配するようになり，その結果，イスラム世界はつぎつぎと海外の商圏を奪われ，衰退に一段と拍車がかかるようになる．科学や技術の発達がこうした傾向を促進していく．天文学，地理学などの学問が広範に普及し，大学が各地に設立され，航海術の発達，火薬などによる軍事力の強化がグローバル化を促し，これらを積極的に導入したヨーロッパの拡大に道を開いた．さらに製紙・印刷術の発達によってヨーロッパのひとびとは新しい情報を大量に吸収することが可能になった．当時はイタリア人の航海者コロンブスのスポンサーになったスペインのイサベラ女王のように異国の者でも積極的に登用しようとする先見性があった．16世紀のなかばまでにヨーロッパと非ヨーロッパを結ぶ海の交流ルートがほぼ確立するにいたる．こうして台頭したのがイスラム世界に

隣接するスペインやポルトガルであったことは興味深い．スペインなどヨーロッパの勢力は圧倒的な軍事力を背景に好戦性と残虐性をもち，これらの軍勢に征服された地域は略奪されたうえ，破壊し尽くされ，文明はことごとく絶えた．ピサロはわずか105人の歩兵と60人の騎兵でインカ帝国を滅ぼしたのである．

　だが，やがてオランダ，イギリス，フランスなどの商人がつぎつぎと新しいルート，市場に参入し，激烈な競争をくり広げる．17世紀にはオランダの東インド会社がポルトガルから東洋の香辛料の交易を奪うと，西インド会社は西半球でのスペインのヘゲモニーに挑んだのである．また，18世紀に入るとイギリスの東インド会社もインドへの支配を確立し，西インド会社は砂糖や奴隷の貿易を通じてカリブ海に覇権を打ち立てることになる（Modelski：48）．地球の3分の2は海であるから海を制した者が世界のコミュニケーションと貿易を支配することになるのである．かくして七つの海を制覇した大英帝国の時代が到来した．

　このように国家の活動が拡大し，海外に植民地を獲得すると，宗教・文化面の活動も活発化し，宣教師などが海外に派遣され，キリスト教の普及につとめ，文化，教育面の交流が深まっていく．

資本主義の時代

　産業革命の結果，いよいよ資本主義の時代が訪れる．一方，ヨーロッパでは民族意識の覚醒が起こり，その結果として多くの国民国家が成立した．他方，多数の民族を抱えた世界帝国は第一次世界大戦を境にすべて姿を消した．これはグローバル化にともなう歴史の必然であり，そのあとには多数の国民国家が誕生した．帝国は自給自足の農業主体の国家であったが，科学技術の発達による工業化の進展によって帝国領の辺境の民族から自立の動きが強まり，瓦解したものである．当然のことながら，経済が工業化すると，国民経済は対外的交流なしには成り立っていかない．工業化のために不可欠な原料や資源が自国になければ国外に求めなければならない．

工業製品の市場を国家の枠を越えて広く開拓し，利潤の追求に努力していく必要があった．産業革命の結果として経済活動のグローバル化のみならず，政治，文化などの分野にもグローバル化が広くおよんでいく．以後グローバル化は科学技術の発達をともないながらそれまでの歴史に例を見ないほどの規模で進行する．

世界社会の基準

こうして世界を一つの社会とする，世界社会が誕生するのであるが，モデルスキーは世界社会の基準として次の三つの要素をあげている（Modelski：230）．

第一に，相互に知り合う機会が増大する．コミュニケーションが発展するにつれ，世界大の情報のネットワークが拡大する一方，コミュニケーションのコストは減少する．スエズ運河（1869年），パナマ運河（1914年）の開通がどれほどコミュニケーションのコストを引き下げることに寄与したか，地球儀を回してみれば明らかであろう．また電話代や航空運賃の料金などをみてもコミュニケーション・コストの低さは他の物価にくらべて著しいといえる．

第二は，相互作用と相互依存である．貿易，旅行，各種交流などの相互作用がいまや地球上の隅々にまで及んでいることは何人も否定できないであろう．国境を越える資本や労働の移動は国際的な相互依存をもたらした．核戦争が起きたら人類の運命は風前のともしびとなる．また有限である資源を共有する意識も相互依存の大事な点である．空気，水，エコロジーなどを守ろうとする意識は結果的に世界社会，地球市民としての意識を育むことにつながるであろう．この狭い地球から逃げ出すわけにはいかないのである．われわれは，いわば宇宙船「地球号」に乗り合わせ，運命を共にする乗客にたとえられるであろう．

第三は，共通の価値が確立しているかどうかである．つまり，あるルールや合意が世界的に受容されているかの問題である．たとえば，人権問題，

発展途上国の貧困の撲滅や経済発展，環境の保護などについては国家間にコンセンサスが存在しているといってよいであろう．また，国際法などのルール，たとえばシグナルや交通の標識などは世界的に共通でなければ不便このうえない．外交にかかわる慣例なども同様である．

以上の基準をみれば，こんにちの世界は明らかに世界社会であるといえよう．第二次世界大戦後にはアジア，アフリカで新しい独立国が誕生し，名実ともに世界社会となった．かつてはヨーロッパの数カ国が地域外の問題を含むあらゆる世界的問題について決定する権限をもっていたが，こんにちでは世界のちょっとした問題を話し合うだけでおよそ190ほどの国家と協議しなければならなくなったのである．

3　グローバル化・リージョナル化・ナショナル化

こんにちのグローバル化

こんにちわれわれが目の当たりにしている経済のグローバル化はヒトの移動，情報，通信，ファッション，音楽，芸術などありとあらゆる文化活動をもともない，すさまじい勢いで拡大している．どの国家もこうした国境を越えて流入する多くの活動から自由ではありえない．

グローバル化の勢いは国境を無用のものにし，世界の隅々に行き渡っている．この結果として国家がこれまで絶対的に行使しうるとされてきた主権が浸食されている．高度に発達した情報化時代にあっては海外からの電波の侵入を有効に阻止することは困難であろう．

それでは，こうしたグローバル化の行き着く先はどのようなものであろうか．おそらく，国際社会ではすべての面において限りなく画一化が進行し，「普通の国」化が進むのではないであろうか．いいかえれば，「特殊な国」が次第に消えていくことである．日本全国どこへ出かけても同じような地方都市ばかりになっている．そこに広がる光景は東京をミニサイズにしたものだ．たとえば地方都市の玄関口に立って周囲を見回してみよう．

駅前には東京や関西系のデパート，スーパー，コンビニ，銀行，サラ金などのビルが林立している．かつての地方都市特有の相貌はどこにも見あたらない．似たような例は世界の主要都市にもあてはまるであろう．ある首都の中心部に立ってみるとよい．その国の存在を忘れさせるほど世界中の主要都市ならどこにでもある風景が目につくはずである．国内で大都市の資本が地方都市の目抜き通りにその存在を誇示しているように，世界の都市で目立つのは大国の資本の圧倒的な強さであるだろう．

グローバル化，国際交流それに相互依存には，すべての国および市民に成功のゲームに参加しうる機会均等を約束する意味が込められている．たしかにグローバル化は，経済はもちろんのこと，日本の生け花，茶の湯のようなある地域・国の文化にもその地域を越えて拡大するためのチャンスを与え，多くの文化が共生しながら発展するグローバルな社会の到来を予測させるであろう．しかし，それも体力のある文化に限られるであろう．個々の国家の弱体な伝統文化は形勢が悪く，次第に排除され衰退の一途をたどっているのが現実の姿ではないであろうか．結局は経済・政治と同様，文化の領域においても，大国あるいは強者中心の交流になることは否定できまい．このため，グローバル化は新しいタイプの帝国主義ではないかと危惧する声もある．そうならないためには，少なくとも参加の機会が妨げられるようなことがあってはならないのである．

こんにちの世界ではアングロ・アメリカンの経済力が，そしてその文化が突出しており，地球上を覆い尽くしているといっても過言ではない．英語は世界語であるし，アメリカの通貨は世界通貨である．ジーンズ，Tシャツ，スニーカー，それにコカコーラ，ハンバーガーに代表されるアメリカン・ファッション，カルチャーが世界中を席巻している．一国の文化がコスモポリタンな文化となった例である．

リージョナル化

一方，リージョナル化の流れも押しとどめることができない．グローバ

ル化にともなって経済，安全保障，環境問題などに関しては，一国ではもはや十分に対応することが困難であることから価値観や文化が類似し利害を共通にする国どうしの地域的な協力が求められている．EU（European Union：ヨーロッパ連合）のめざましい成功に刺激されて東南アジア諸国連合（ASEAN），アジア太平洋経済協力（APEC），北米自由貿易協定（NAFTA）など多くの地域協力がそれぞれの地域の特性を生かすべく成立している．EUは共通通貨ユーロが導入され，さらに制度面の統一化が進行しており，統合への道を確実に歩んでいるとの印象が強い．しかし，EUは拡大するにつれ，多くの問題をかかえ込むようになる．たとえば，EUの理念と加盟国の政策との整合性であり，ヒトの移動と国内労働力との緊張関係などの問題である．とくに後者は移民労働者に対する暴力行為をともなった差別の形をとっていくつかの国では深刻な問題を提起しており，EUの理念と現実とのギャップを増大させている．また，どうしても統一が不可能な問題がある．民族の問題であろう．国家の壁は崩すことができても民族の壁を乗り越えるのは至難であろう．たとえば民族の象徴である言語をとりあげてみる．EUではほぼ加盟国数と同じだけの言語が話されている．今後EUの拡大につれ異なる言語をもつ国がつぎつぎと加盟することとなろうが，言語の統一だけは不可能であろう．では，加盟国のギリシャとデンマークのコミュニケーションはどのようにして成立するのであろうか．英語を用いるしか方法がない．ここでもアングロ・アメリカンの影響から脱出することがいかに難しいかがわかる．

ナショナル化

経済，政治，文化などのグローバル化は国家を介して地球の隅々に広がっていき，やがては国家のこれまでよって立ってきた基盤を切り崩していく．つまり，国家は，自国の企業が海外で収益をあげれば，国のGNPが上昇するから，予算，教育，税制上の措置など多大の優遇政策によってこれらの企業を育成し，積極的に海外進出の後押しをする．ところが，企業

は次第に国の手を離れ，資本という独自の論理で動くようになり，国家との紐帯が希薄になっていく．資本には国家のような明確な国境で定まった形が存在しないからである．

　一方，グローバル化は途上国などの大国への従属化を促進するとともに，各国の伝統的社会との摩擦をも惹起し，紛争を発生させる．ハンチントンの『文明の衝突』はグローバル化の結果，文明の衝突が引き起こされる事態の発生を予見し，冷戦後の世界においてはイデオロギーに代わって民族や宗教など文明間の対立が現れると述べている．実際，冷戦の重石がとれた結果，旧ユーゴなど世界の各地でそれまで眠っていた民族問題が一斉に噴出し，ナショナル化とみられる現象が相次いでおり，ハンチントンの主張を裏付けている．さらに，グローバル化による国の画一化に抗して個性化・差異化を強調する動きもあらわれるであろう．

イスラム原理主義

　現在世界的に注目されているキリスト教やイスラムなどにおける原理主義を取り上げてみよう．というのも，こうした原理主義が西洋的文化・価値観のグローバル化に対して挑戦している側面が強いと思われるからである．たとえば，イスラム世界を席巻している原理主義を考えてみよう．イスラム世界には伝統的にイスラムの危機にあたってはこれを克服するためにイスラムの復興を求める動きが頻繁に起こった．近代以降のイスラム原理主義は西洋化に対抗して台頭してきたのである．女性のベールの着用やモスクの補修・建設などから過激なテロにいたるまで，その現れ方は国，地域の事情によって多様である．しかし，他者，他宗教などに対して不寛容な点では，ほかの原理主義と全く変わらない．1979年のイラン革命がイスラム原理主義への恐怖を広める契機になったことは事実であるが，実際のところ，ハンチントンが指摘するほど，イスラムは西欧にとって危険きわまりない思想なのであろうか．たしかに1995年ニューヨークの貿易センタービルで起こった爆弾テロをとりあげるまでもなく，過激な行動に

こんにちのような高度に発達した都市文明は脆い．しかし，不寛容な原理主義がグローバルな支持を獲得するとはとうてい考えられない．イスラム復興の先例となったイランでさえグローバル化という潮流のなかで現実的な選択をせざるをえなくなっている．

グローバル化の負の要素

問題はグローバル化がもはや押しとどめることができない歴史的状況であると認識したうえで，その結果生じる紛争などの負の要素をいかに除去するかであろう．すでに述べた国際組織や，まだ国際組織には発展していないが，あるルールや価値観を共有する国際レジームなどによる国際協力のネットワークを築き上げることはたしかに肝要であろう．それと同時に国際的な文化交流が広範に行われ，異文化・宗教間の理解が深まり，偏見や差別が一掃されるような寛容な世界を構築していかねばならないことはいうまでもない．

その際に考慮すべき大事な点は国家間関係よりもむしろ柔軟な民間レベルの関係であろう．

4 民際交流

国家の衰退

非政府組織（NGO）や自治体が国境を越えて活動する民際交流はこんにちますます活発化している．われわれが目下直面している貧困，環境，人権などの問題に対して既存の国家がどの位解決に取り組んでいるかを考えた場合，国家はむしろ上述したような問題に対しては適切に対応できず，著しく解決能力を喪失しているのが現状であるといえよう（臼井：4）．国益の追求を最大の目的とする国家がグローバル化した世界ではもはやその存在理由を失うことも全く考えられないことではない．つまり，人類益とか世界益を掲げることが既存の国家ではほとんど期待できない状況になっ

ており，それを補完あるいは代替し，こうした利益を追求していく組織として各国の市民の組織であるNGOの存在が注目を浴びているのである。臼井によれば，こうした国家の相対的な衰退と非国家的なアクターの登場を促したのは，国際的な相互依存の深化，コンピューターやテレコミュニケーションに代表される情報・通信革命である（臼井：6）。情報が国家によって管理される国の市民は一方的にたれ流されるだけの国営放送の情報を信用せず，むしろ短波放送，衛星放送，インターネットなどを介して流入する情報を信頼するようになる。しかも，国民は国境をやすやすと越え，自由に連帯を求め，自己のアイデンティティを国の内外で模索しており，この結果，国への忠誠心が揺らぎ，国家を単位とする世界が崩壊し，国際関係のあり方が変化しているのであり，経済のボーダーレス化とともに政治のボーダーレス化が引き起こされているというのである（臼井：8）。

要するに，これまでと異なって自己の所属する国家に頼る必然性が減少しているのであり，国家という窮屈な枠組みは国民の自由な活動を阻害する存在でしかない。スポーツ，芸術などの活動におけるグローバルなヒトの移動や多国籍企業の活動などを見ていると国家のあり方にますます疑問を感じるようになるのも当然であろう。

NGOの役割

NGOといっても，もちろんその活動の分野は多岐にわたっている。そのNGOが世界の平和運動や国家の主権に属する外交においても重要な役割を担うようになっている。とくに和平交渉などの場合，政府レベルで双方の対立点が硬直したまま行き詰まっている外交交渉にNGOが風穴を開けることもしばしばみられる。たとえば，1993年にイスラエル・パレスチナ和解のために対話の機会を作り，場合によっては積極的に対話のなかに入っていくなどして，双方の交渉をお膳立てしたノルウェーのNGOのケースを例にあげてみよう。

ノルウェーのシンクタンクである応用社会科学研究所（FAFO）は，イ

スラエル人，パレスチナ人双方の間に培った人脈と信頼性をもとに双方の市民代表をノルウェーに招き，オスロ郊外の古い邸宅で合宿を行った．最初は双方とも原則論に固執し，相手側が反論するというそれまでと全く変わらないパターンの議論の応酬が続く．普通はこれで議論は平行線をたどって行き詰まってしまう．もちろん，これだけでも相手が何を考えているのかの整理にはなる．しかし，ノルウェーでの合宿会談はこれで終わらなかった．会談をしていれば当然食事をとったり，お茶を飲んだりする．また，一日の会談が終わってくつろいで一杯やっているときなどに，参加者が素顔をのぞかせる場面がある．夕食をとりながら堅い話はしないであろう．お互い家族のこと，趣味などが話題となる．実はこの時間が重要であった．趣味を尋ねられたある参加者がピアノだというと，かたわらに置いてあるグランドピアノを指さして一曲弾いてみろということになる．また家族の悩みをもらすこともあるだろう．こうして合宿の開始時には互いに敵同士の立場であったものが，合宿所を退去するときには無二の親友のような関係に発展し，再会を誓うようになる．これがイスラエル人とパレスチナ人双方の間に始まり，やがて双方の政府関係者を巻き込む秘密交渉に発展した対話の開始であった．それぞれの公式見解は政府にまかせればよい．暗礁に乗り上げてしまった交渉に別の角度からのアプローチが必要なのだという実例をこのエピソードは示している．

NGOと世界平和

　このようにNGOの役割は地味である．交渉全体の雰囲気を変えたりして，ひたすら黒子に徹しなければならない．NGOはもちろん国家に代わる存在にはなりえないし，その行動にもおのずと限界が存する．実際にこのあと，イスラエル，PLO（パレスチナ解放機構）の指導者はノーベル平和賞を与えられることになったが，会談を成功に導くために労をいとわなかった当のNGOは何の恩賞にもあずからなかった．やはり，最後は双方の政治家が決断を下さなければならなかったのである．

それでもなお，いくつかの NGO は世界平和への貢献が認められノーベル平和賞を与えられた．ロンドンに本部を置く世界的な人権団体のアムネスティ・インターナショナル（受賞は 1977 年），核戦争防止国際医師の会（同 1985 年），1957 年以来核兵器の廃絶をめざす著名な科学者のフォーラムとして重要な提言を発表してきたパグウォッシュ会議（同 1995 年），地雷禁止国際キャンペーン（同 1997 年），国境なき医師団（同 1999 年）である．もちろん，これらの NGO が十分にその能力を発揮するためには，豊富な資金力と政府，国民の理解が必要である．たとえば，1971 年にフランスで設立された国境なき医師団は，紛争や災害の現場に 48 時間以内に急行できるように日頃からフランスの空港に医療器具などを保管する倉庫を所持しているといわれる．一刻を争うような事態に対していつでもビザなしで飛行機に乗り込み現地に飛んで活動にとりかかることができるようにである．そして，このような緊急活動は，もちろん，フランスをはじめとする各国の協力によって可能となる．

5　日本の国際・民際交流

戦後日本の国際化

最後に日本の海外との交流について論じてみよう．日本ほど過去に海外との交流の恵を受けた国は少ないであろう．大陸から伝来した多くの文化を日本のスタイルに適合するよう変えて吸収してきたことはもちろん，資源小国の日本は資源のほとんどを海外に依存した．また，日本の戦後復興はアメリカや国際機関の援助なしにはありえなかった．グローバル化の波にの

表　外国人入国者数と日本人出国者数

年	外国人入国者数	日本人出国者数
1970	775,061	663,467
1975	780,298	2,466,326
1980	1,295,866	3,909,333
1985	2,259,894	4,948,366
1990	3,504,470	10,997,431
1995	3,732,450	15,298,125
1996	4,244,529	16,694,769
1997	4,669,514	16,802,750

出所：『外交青書』1999 年版，第 1 部，419 頁．

って日本の企業は海外に進出し，国際収支の黒字を増やすのに貢献した．したがって国際・民際交流を通じて日本は海外の国々，国民と良好な関係を築いていかなければならないことはいうまでもない．

　戦後日本の国際化の歩みは著しい．日本では居ながらにして世界の文物や世界中のニュースに接することが可能である．コミュニケーション・コストの低下によって海外との交流は驚くほどの速度で進展している．日本人の年間海外渡航者は1992年に1,000万人を突破した．国内旅行よりもむしろ安上がりの海外に飛び出して人々はその土地の文物に触れ，それらを積極的に吸収するようになっている．このことはつぎに自分の国を相対化することにつながり，日本の社会は少しずつ変革への道をたどり始める．経済の規制緩和，政治における，たとえば国会討論の活性化や選挙改革などの動きに具体的にあらわれるのである．こうした動きはもちろん一方的ではない．世界のどんな土地へ出かけても，日本の製品に出会わないことはまずない．海外からも毎年450万以上の人々が日本を訪れる．同じような効果が海外でも認められるのである．日本でファースト・フードやイタリア料理のレストランがポピュラーなのと同様に，海外でも日本食ブームが起きている．

　依然として残る偏見
　こうした交流によって日本人が異文化に触れる機会はたしかに増大したが，そのことによって果たして日本人の異文化理解は深まり，偏見や差別意識が一掃されたであろうかということになるといささか首をかしげたくなるような例も多くみられる．たとえば，日米経済摩擦とともに台頭した「ユダヤ人陰謀論」をとりあげてみよう．

　シェークスピアの「ベニスの商人」以来，ユダヤ人には金貸し，吝嗇などのステレオタイプのイメージがつきまとっている．

　アメリカの経済を支配するユダヤ人がいまや日本の経済を傘下に置こうとして企業買収を始めたり，円高を誘導したなどの，荒唐無稽な議論がユ

ダヤ人陰謀論の中心テーマである．日本にはユダヤ人がほとんど存在しないから，この議論は明らかに戦前ロシアやドイツなどから輸入されたものである．ロシア，ドイツでかつて激しい反ユダヤ主義が荒れ狂ったことは周知のとおりであるが，それが日本に上陸した理由はロシア革命によって白系ロシア人の反ユダヤ主義がシベリアに派遣された日本軍人を介して日本に伝わり，さらに1930年代に入るとナチス・ドイツから同様の反ユダヤ主義がもたらされたからである．反ユダヤ主義を公然とかかげることはいまのドイツではもちろん犯罪行為となる．

アメリカには約600万人ほどのユダヤ系市民が存在するといわれる．ユダヤ系アメリカ人の才能と行動力はアメリカの社会では目立っているが，彼らにアメリカの経済や政治を自在に動かせる力があるというのはアメリカにおける反ユダヤ主義の根強さを知らない者の議論である．たとえば，1973年に，大企業のデュポン社の会長にユダヤ系のシャピロが就任したときにはアメリカのマスコミが大騒ぎした．このことが大ニュースとなること自体，米大企業のトップにユダヤ系が昇りつめることが困難であることを物語る．現在ではユダヤ系市民は各界で活躍しているが，そのことは別にユダヤ系アメリカ人がアメリカ社会を牛耳っているからではない．彼らがようやくアメリカ社会のなかで認められるようになったということなのであろう．しかし，日本人の多くはこうした実態を理解するというよりもロシア，ドイツなどから過去に移入された反ユダヤの陰謀論に依拠した人種主義的なイマジネーションの世界観で複雑な国際経済の動きを判断してしまった，といえるであろう．

反米・嫌米

しかも日本のユダヤ人陰謀論にみる反ユダヤ主義の背景には民族主義的な反米意識が見え隠れする．反米とか嫌米とかは右から左までの日本人の一部に根強く存在する対米コンプレックスをあらわしている．「アメリカ何するものぞ」の傲岸不遜さが右の陣営にあれば，「とにかくアメリカが

悪い」の極めて単純な反発が左翼にはある．

　それにしても，日本人の対米・対ユダヤ人認識が上述した程度であるというのは問題であろう．1853年にペリー提督が黒船を率いて浦賀に初めて来航して以来，アメリカは日本人の対外認識のなかで最も親しみやすい存在であり，文化的，社会的に言葉では表現できないほどの影響を受け，日本人の精神構造の深層のなかでも特別な位置を占めてきたといってもよいであろうが，そのアメリカに関してでさえ正しく認識されていないということは，表層的には国際化したとしても実態は極めて貧しいものであるといわねばならない．内面においても外国人に対する憎悪，偏見，差別意識が一層されなければならないことはいうまでもないが，さらに一歩進めて，単に内なる国際化にとどまらず，究極的には，たとえば日本の在日韓国・朝鮮人など諸外国の少数民族，難民などに対しても彼らの抱える問題を理解することに努め，市民どうしの交わりのなかからその状況の改善を求めていく，いわゆる内なる民際化を目指していく必要があろう．

　文化交流

　国際交流など外面にあらわれた国際化だけでなく，内面の国際・民際化を育てていくには文化交流を積極的にはかることが肝要であることはいうまでもない．

　長い間，民間の知的交流に携わってきた国際文化会館の加藤幹雄によれば，戦後の文化交流は民間によって担われたが，その資金源はもっぱらロックフェラー，フォードなどのアメリカの財団に依存したのであり，日本の外交政策のなかで一定の位置づけがなされ，国の予算と組織に裏付けられて本格的に展開するのは1972年に国際交流基金が設立されて以後のことである．外務省管轄の特殊法人である同基金は人物・文化の国際交流にめざましい活動を開始したのである．発足当時はわずか6億円程度で運営されていた国際交流基金の予算は98年には203億円に達している．諸外国の同様の文化活動と比べても決して見劣りがしなくなっている．外国人

留学生に対する奨学基金の創設・提供を含む民間の文化活動も盛んである．

日本のボランティア活動

注目すべきは日本のボランティア・NGO 活動であろう．90 年代に入ってから，いくつかの興味ある動きがあらわれている．たとえば，92 年 10 月アメリカ留学中に射殺された日本人高校生の両親がアメリカで銃規制のキャンペーンを開始し，アメリカ人の間に大きな反響を呼んだこと，93 年にカンボジアで国連の選挙監視活動中にやはり射殺された青年の父は会社をやめて息子の遺志を継ぐためボランティア活動に入ったことなどである．さらに，95 年の阪神大震災以来ボランティア活動が見直されるようになり，NGO への関心も一段と高まった．

キリスト教社会の伝統に根ざす欧米諸国のボランティア・NGO 活動と比べ，日本のそれはまだまだ日も浅い．しかし，阪神大震災でもお役所的救援活動の欠点を補って機動力あふれ，きめ細かに対応できる市民の救援活動が高く評価されたことは記憶に新しい．また，このときの貴重な教訓は台湾やトルコの地震の際に生かされ，実際にボランティアが被災地に派遣されることになった．阪神大震災の経験は，日本にも「お上頼み」ではなく市民の自主的な活動が切り拓いていく時代の本格的な到来を予想させるといえるのではないであろうか．

参考文献

S. ハンチントン，鈴木主税訳『文明の衝突』集英社，1998 年
平野健一郎「国際関係の変化のなかの国際文化交流」『国際問題』1995 年 4 月
加藤幹雄「日本の知的交流」『国際問題』1995 年 4 月
民際外交 10 年史企画編集委員会編『民際外交の挑戦』日本評論社，1990 年
五月女光弘『ざ・ボランティア』国際開発ジャーナル社，1995 年
臼井久和・高瀬幹雄編『民際外交の研究』三嶺書房，1997 年
I. ウォーラーステイン，川北稔訳『近代世界システム』岩波書店，1981 年
George Modelski, *Principles of World Politics*, New York, Free Press, 1972

Oran Young, "The Actors in World Politics," in J.N. Rosenau et al. eds., *The Analysis of International Politics*, New York, Free Press, 1972

〈コラム〉フルブライト上院議員と中曽根首相

　アメリカの議会がいわゆる「フルブライト・プログラム」を承認したのは1946年である．この教育・文化交流計画の生みの親となったのは，フルブライト上院議員である．戦後の世界平和を構築するための方法は相互の理解を促進するヒトの交流にあるとの信念が上院議員を行動に駆り立てた．アメリカと他の国々との交流はこうしてスタートし，以来50年以上の間に20万人を超える研究者や学生がアメリカから，またアメリカへと教育・文化交流のために渡った．現在このプログラムに参加している国の数は日本を含め150以上に上っている．

　日本が参加するのは1949年からで，戦後のアメリカ政府によるガリオア援助基金奨学生として51人がこの年アメリカに留学した．その後日米間に交流協定が調印され，52年からはフルブライト・プログラムとして正式に発足することになった．最初は，アメリカ政府が奨学金の全額を出資していたが，現在では日米双方が半分ずつ基金を分担しあっている．これまで多くの日本人がこのプログラムの恩恵に浴しているが，なかでも異色は1958年にハーバード大学に留学した作家の小田実であろう．このときの体験談は，彼の『何でも見てやろう』に詳述されているので，そちらに譲るとして，小田はその後「ベ平連」の創設者のひとりとなり，ベトナム戦争をこっぴどく非難するなどアメリカ政府にとって必ずしも好ましい人物ではなかったであろう．しかし，相互理解を促進して親米家でなく知米家を増やすことも狙ったのであれば，フルブライト・プログラムはアメリカの度量の大きさを示すと同時に，所期の目的に十分応えたといえよう．

　一方，日本では，中曽根政府の下で1987年に始まったJETプログラム（Japan Exchange and Teaching Program）がある．これは，海外の青年を日本の地方自治体に招き，中学や高校で語学を教えてもらうなどして，交流を大いに促進することを目的に発足したものである．この制度が始まってから11年間でおよそ3万6,000人が地域レベルの交流活動に参加したといわれる．中曽根首相の貴重な功績のひとつといえるであろう．海外とのヒトの交流が言語教育を通じてものすごい速度で発展している．こうした交流が増大すればやがて相互の誤解や偏見を正すのに寄与していくものと期待される．

第III部

21世紀の市民社会

21世紀に，政治的，そして社会的なアクターとして，個人を一つの単位として考えないわけにはいかない．近代以降，政治的な側面を中心に，「個の自立」の問題はさまざまな角度から繰り返し論じられてきたし，21世紀になっても，それは重要な課題であり続けるだろう．しかし，それでもなおかつ，個人を統合する，いくつかの媒介装置を考えなければ，21世紀の政治や社会を論じていくことは難しいだろう．

第III部「21世紀の市民社会」では，個人と社会を結ぶ媒介装置をさまざまな角度から捉えながら，社会の中の一員として個人をつき動かし，政治をつき動かしていくメカニズムを展望していく．

平野の「政党と市民―政策本位の政党再編は可能か」では，政党，そして選挙という，アクターと社会を結ぶ媒介装置を取り上げる．ここでは，個人を統合するような「消費者」「納税者」といったようなシンボルや，「保守－革新」「物質主義－脱物質主義」といったような，より理念的なシンボルでさえも，統合の有効な機能を果たさず，政策本位の政党再編が続かず，結果的に政党が，個人を統合していく媒介としての機能を十分に果たし得ていない状況を指摘する．

その上で，21世紀に向けての媒介装置としての政党は，より経済的，物質的な利害対立に基づく対立軸や，地域的・職業的集団間の対立を孕んで展開し，市民のアイデンティティを再編していく可能性を示唆している．

川上の「情報メディアと政治」では，権力・メディア・市民の三者の関係を軸として，市民の意思を統合する機能をも持つ媒介装置としてのメディアが，むしろ権力からの下降過程を担ってきた歴史，そして，市民意識の芽生えとともに，権力に対する上昇過程としても機能した歴史をふまえ，メディアが市民意思の統合機能，上昇過程としての機能をどう果たし得るかについて考察する．

特に，情報公開やネットワークメディアの発達で，自立した市民がメディアを媒介として，大きな社会的セクターとして21世紀に組織化されていく可能性を展望している．

畠山の「ポストモダンは動員解除？」では，近代社会と定義されている20世紀の市民をつき動かした社会構造を捉える枠組みそのものに挑戦する．ここでは，19世紀型社会科学への批判として提示された「動員史観」の社会理論を用い，戦争，国家，よい子，動員など，20世紀を特徴づけた幾多の現象を読み解き，21世紀型社会科学を構築していくための理論づけを行っている．

7
政党と市民
政策本位の政党再編は可能か

平野　浩

1　なぜ選挙は政策で争われないのか

　1996年10月，小選挙区比例代表並立制という新選挙制度による初めての総選挙が行われた．この制度の狙いの一つは，政党中心で政策本位の選挙が行われるようにすること，さらにはそれを通じて政策的な対立軸に沿った形での政党再編を進めることにあった．中選挙区制のもとでは，同一政党（主として自民党）の候補者どうしが争わねばならず，結果として政党間での政策的な争いというよりは，個々の候補者間での地元への利益誘導合戦に陥りやすかった．新制度は，各選挙区で一人だけが当選するためどの政党も一人しか候補者を立てない小選挙区制と政党に対して投票する比例代表制を組み合わせたものであることから，より政党中心で政策本位の選挙となることが期待されたのである．

　しかし，少なくとも第一回目の選挙においては，そうした期待は現実のものとならなかった．その一因は，新制度が一方においては上に述べたような可能性を秘めながら，他方においてそれとは逆方向に作用するような要素も宿していたことにある．第一に，全国的なレベルで考えてみると，当選者が一人だけ，言い換えれば最も多く得票した者のみが当選する小選挙区制のもとでは，各党とも国民の間で意見の分裂が見られるような争点について触れるのは避け，国民的合意のある争点（例えば行政改革や景気回復）についての最大公約数的な政策の提示により，できるだけ多くの有

権者の支持を得ようとする．その結果，選挙時に多くの有権者が感じた「どの政党の政策も似たりよったりで，違いが分からない」ということになる．第二に，個々の選挙区レベルで見ると，中選挙区時代に比べて選挙区の大きさが平均して半分以下になったため，各候補者ともその狭い選挙区の中で確実に票を確保しようとした結果，今まで以上に組織を固め，ローカルな特殊利益に訴える利益誘導型の選挙を行ってしまった．有権者は大きな政策によって選ぶことができず，結果として選挙を梃子とした政策本位の政党再編も進まなかった．

2 政策本位の再編を阻むもの

政党再編と政界再編

しかしもちろん，政策本位の政党再編が進まない理由は，選挙制度だけにあるわけではない．むしろ本当の原因はより深い所に，すなわち日本における政党と有権者の関係のあり方，さらには日本の政治システムそのものの中にあるのではないかと思われる．以下，そうした原因について考えていきたいが，その前に，そもそも「政党再編（party realignment）」とは何なのかについて簡単に触れておきたい．政党再編は，「脱編成（dealignment）」（後述）と並ぶ政党システムの変化の一形態である．そこでは一方において，社会における様々な利害対立の構図の変化や新しい政策争点の浮上などにより，従来の政党間の対立軸とは異なる対立軸が顕在化する．これと連動して他方において，どのような有権者がどのような政党を支持するかに関する従来の枠組みに変化が生じ，そのため有権者の間で広範な支持政党の変化が見られるようになる．その結果として，政党間の力関係の変化や政党の生成消滅が起きることとなる．すなわち，政党再編は社会における利害構造の変化と有権者における政党支持の枠組みの変化に伴って生ずるものであり，単に政治家レベルにおける離合集散の過程である「政界再編」とは異なるものである．こうした点から見て，大嶽

(1999) も指摘するように，1990年代の日本において生じたのは政党再編ではなく永田町レベルの政界再編であったと言うべきであろう．

日本における「政党支持」の意味

では，そうした意味での政党再編がなかなか進まない理由を，まず日本における政党と有権者の関係，より具体的には「政党支持」の意味という観点から考えてみたい．先述のように，政党再編は「どのような有権者がどのような政党を支持するか」に関する枠組みの変化を伴う．従って，そこではそもそもそうした枠組みの存在自体が前提とされるわけである．こうした枠組みについて，欧米諸国の例をまず少し見てみよう．

まずヨーロッパ諸国での政党支持に関するスタンダードなモデルは，「社会的亀裂（social cleavage）モデル」と呼ばれるものである（Lipset & Rokkan, 1967）．これは社会の中に埋め込まれた利害の亀裂（すなわち構造化された利害対立）が存在し，亀裂のそれぞれの側にそれぞれの利益を代表する政党が生まれ，人々はそれぞれ「我々の政党」を支持するというものである．そして，こうした有権者と政党の関係は世代を越えて長期に渡って持続するとされる．リプセットとロッカンは重要な社会的亀裂として，国民国家の形成期にルーツを持つ「中心対周辺の亀裂」（その国における支配的な地域，民族，文化と被支配的なそれとの対立）と「宗教的亀裂」（世俗的勢力対宗教的勢力の対立，また宗教的勢力内での宗派的対立），産業革命にルーツを持つ「都市対農村の亀裂」（都市の産業資本の利益と農村の地主の利益の対立）と「階級的亀裂」（労働者対雇用者の対立）の四つを挙げている．

一方アメリカでは，イデオロギー的にさほど違いのない二つの政党（民主党と共和党）が，多様な国民を統合する機能を果たしている．一般にアメリカでは日本での「政党支持」にあたるものを「政党帰属（party identification）」と呼んでいる．アメリカでは，民主党支持者は自分をDemocrat，共和党支持者は自分をRepublicanと呼ぶが，これは別にそ

の党の党員であることを意味しているわけではない．例えて言えば，日本で巨人ファンが自分を「ジャイアンツ党」などと呼ぶのに近い．その人は別にジャイアンツの選手や職員ではないが，自分を全国に大勢いる巨人ファンという集団の一員と位置づけている（つまりその集団に帰属させている）わけである．同様に，アメリカではそれぞれの政党の支持者は，自分をその政党の支持者集団の一員と位置づけ，その政党に対して感情的な一体感を抱き，さらにはこうした支持者集団を「準拠集団」（自分の態度や行動のモデルとなる集団）として行動するとされる．このような帰属意識の多くは十代の間に家庭での「政治的社会化」（社会のメンバーがその社会における一般的な政治的価値観や態度を習得する過程）を通じて身につけられると言われている．

　以上のように，欧米諸国での政党支持は，ある政党とその政党を支持する社会集団との関係として捉えられている．日本ではどうか．まずアメリカ型の政党帰属モデルが当てはまらないことは明らかだろう．日本では，党員以外の一般の支持者の政党に対する感情的な一体感は極めて弱く，自分を支持者集団に「帰属」させることもなく，さらにそうした集団を準拠集団とすることもない．そもそも，ある政党の支持者を一つの社会集団と見なすことさえまずないだろう．またヨーロッパ型の社会的亀裂モデルも，日本における政党支持を説明するモデルとしては適当でない．地域的，民族的，文化的，宗教的な対立に基づく政党間の対立は見られず[1]，「都市対農村」に関しても——後述のように現実には利害の対立が存在するにもかかわらず——それぞれの利益をいずれも保守政党が代表するという形になっており，政党間の対立を生み出していない．また「労働者対雇用者」に関しても，日本では労組が企業別でなおかつ組織率が低く（特に中小企業において），また年功序列制度の存在や世代間の階層移動が比較的大きいことにより，政党支持と表裏一体の社会的亀裂にはなっていない．これらのことは，党派性に対する社会的属性の影響が欧米諸国と比較して日本では小さいという事実にも現れている（三宅，1998）．

では，日本において政党支持とは何を意味しているのであろうか．第一に，戦後の日本における政党支持の背景にあるのは，いわゆる「保革イデオロギー」である．保革イデオロギーの基底にあるのは，新旧の価値観の対立，具体的には権威への服従や集団的秩序への同調に対する態度（これらに肯定的な保守と否定的な革新の対立）であるとされる (Watanuki, 1967)[2]．そしてこの基底の上に，それぞれの時代における重要な争点対立が積み重なることにより，相互に対立する保革それぞれの政策的パッケージが形成された．すなわち，50年代から60年代にかけては戦後復興期の争点（戦前の体制と戦後の体制，自由市場体制と社会主義体制，安保・防衛問題など）が，60年代後半から70年代にかけては福祉，環境，政治参加など高度成長期の負の部分に対する（革新の側からの）異議申し立てに関する争点が，さらに80年代以降にはオイルショック後の低成長と社会保障費の増大による財政難に対する（保守の側からの）異議申し立てとも言える新保守主義的な争点（行革・民営化，規制緩和，小さな政府，さらには国際貢献など）が，それぞれ従前の対立の上に積み重なり，またそれにより保革対立自体が多次元化することとなった（蒲島・竹中，1996を参照）．

90年代に至るまで，日本の政党はこうした保革の対立軸上にほぼ一次元的に位置づけられたため，有権者はそれぞれの政党の位置と自分自身の保革次元上の立場から各政党を評価し，支持政党を決定することができた．しかし今日，保革の意味の多次元化，保革対立におけるイデオロギー性の希薄化，さらには93年以降における連立政権の常態化の中で保革次元では説明できないような政権（例えば「自社さ」政権）が登場するようになったことなどによって，政党支持のガイドマップとしての保革イデオロギーの役割は大きく低下しつつある．しかし，にもかかわらず，先述のようにこの保革対立の基底に存在するのが権威への服従や集団的秩序への同調といった個々の争点を超越した文化的，価値的な対立であるために，この対立軸が新たな争点対立を次々と吸収してしまうことによって新しい政策

的な対立軸の確立を妨げ続けていることも事実である．これが政党再編に及ぼす影響については，後でもう一度考えてみたい．

　日本における政党支持を説明する第二の重要なメカニズムは，地域的・職業的な利益と支持（票）との交換のネットワークである．こうしたネットワークは，一方において公共事業などの利益が流れるチャネルとして機能し，他方において選挙における動員のチャネルとして働く．そして有権者の政党支持は，自分が連なっているネットワークの特質——どのような利益，情報，影響力が流れているのか——によって大きく影響を受ける．このネットワーク・モデルは，社会的な亀裂に基づく集団間の対立ではなく，むしろ可変的なネットワーク間の競争・競合関係——すなわち，自らの既得権を守りつつ更なる利益の獲得を目指して，政策決定者に対するアプローチを繰り広げる競争関係——を重視する．こうした競合・競争関係はミクロな地域的レベルからマクロな国全体のレベルまで，あらゆるレベルで見ることができる．国全体のレベルに関して言えば，最近の利益集団研究が見出した利益集団間の最も重要な対立軸は，「市場システムにおける強者としての大企業労使連合」対「地方政府，農業団体，中小企業団体，福祉団体など再分配による政策受益団体連合」の対立であるという（伊藤，1998）．この対立が政党間の対立に反映されていない（すなわち，それぞれの利益を代表する政党が対立するという構図になっていない）ことは先に触れたとおりである．

　いずれにしても以上の議論から明らかなことは，日本における従来の政党支持のメカニズムを欧米諸国と比較した場合，それが社会的・集団的な基盤に基づく度合いが低いということである．言い換えれば，政党再編の前提となるこれまでの「政党編成」そのものが確固とした構造を持つものではなかったということである．日本において政党支持の流動性が相対的に高いことの一因もここにある．

政党再編にかかわる集団的シンボルの問題点

今日，新たな政策的対立軸に基づく政党再編を訴える政党の多くは，そうした対立軸およびそこでの自らの立場を，何らかの集団的なシンボルを用いて主張する．代表的なものとして「消費者」や「納税者」を挙げることができるだろう．これらは多くの――特に都市部の――有権者にアピールするものと思われるのだが，実際には政党支持への動員に成功しているとは言えない．何故であろうか．それはこれらの「集団」が政党支持の基盤としてはいささか不都合な点を――特に日本においては――持っているからであると思われる．ここでは，この点について少し考えてみたい．

まず「消費者」の利益であるが，これは一般的に「生産者」の利益に対立するシンボルとして用いられる．しかし，「消費者」と「生産者」の利害対立は，次のような理由から政党間の対立軸とはなりにくいのである．例えばこの対立を工場労働者と農民の対立と比較してみよう．後者においては対立している二つの集団のメンバーはそれぞれ別々である．しかし前者においてはそうではない．消費者の多くは同時に生産者でもある．あるいは本人が生産者ではない場合でも，その家計を支えているのは生産者である．つまり，ある一人の人間が，一方では「消費者として」の利益を持ち，他方では「生産者として」の利益を持つのである．では，その人にとってよりインパクトがあるのはどちらだろうか．多くの人にとって「生産者として」の利益である．ある人にとって「生産者として」の利益は，自分の（あるいは自分の家計を支えている人の）仕事，勤めている会社，身を置いている業界の利益――すなわち狭く深い利益――である．当然，それについては知識も関心も持ち合わせており，また自分の収入に直接係わる問題であるため真剣に考えざるを得ないのである．それに対して「消費者として」の利益は，数多くの（すなわち様々な製品やサービスの消費に関係する）広く薄い利益――誰にとっての利益でもあるが，自分にとっては死活問題ではない――の寄り集まりでしかない[3]．

しかも日本には他国以上に，人々が自分の仕事を通じて「守られてい

る」と感じやすくさせる状況が存在している．日本ではいわゆる護送船団方式に見られるように，国がある業界を一括して保護し，競争力の弱い企業が脱落しないように競争を抑制する政策をとってきた．その一方で（あるいはそれ故に）失業保険の整備は不十分であり，失業のリスクも高い．その結果，人々はより一層「生産者として」の利益に敏感になる一方，それと対立する「消費者として」の利益については多くを求めなくなる[4]．翻ってこのことは，政治家や政党にとってみれば生産者の利益に立った方が有権者により感謝され，支持も見込めるということを意味している．言い換えれば，消費者の利益に立つような政党は，肝心の消費者の支持すら得ることが難しいということである．

　以上の議論は「納税者の利益」に関してもある程度当てはまる．納税者であると同時にその再分配による政策的受益者でもある人々（例えば補助金による事業によって支えられている業界で働く人々）の多くは，「納税者として」の利益よりも「受益者として」の利益を重視するであろう．他方，都市部のサラリーマンなどそうした「受益者として」の恩恵をあまり受けない人の多くが，源泉徴収制度の影響などもあって納税者感覚を養いにくくなっている．結果として，ここでも受益者の利益の側に立つ政党の方が支持を得やすい構造となっている．

　さらに，「納税者の利益」は次のような事情から政治的な対立軸を構成しにくくなっている．上述のように「納税者の利益」の問題とは，税負担の絶対的なレベルの問題であると同時に，税の負担と受益のバランスが人によって異なるというところにその本質がある．従って，この問題を社会的な集団レベルでの対立として捉えるならば，「負担に見合わない利益しか得ていない集団」と「負担を上回る利益を得ている集団」との対立ということになる．しかし，多くの有権者の認識において「納税者の利益」は，税金を取り立て，それを「無駄使い」する政府や官僚の利益と対立するものとして捉えられている．税が使われる先の集団的な利益との対立といった認識は相対的に乏しいのである．こうした状況のもとでは，この問題を

軸として社会的に根を下ろした政党間の対立が生まれる可能性は決して高くはないだろう．

このように，「消費者」や「納税者」はその数の上からも政党にとっては魅力的な集団であり，また一見その利益へのアピールは効果的であるようにも思われるが，これらの集団は現実的には最も動員の困難な集団であり，従ってこれらの利益を軸とした政党再編も容易ではないと思われるのである．

再編にかかわる理念的シンボルの問題点

次に，政党再編においてしばしばキーとなる理念的なシンボルの持つ問題点について見てみよう．まず代表的なものとして「リベラル」というシンボルを取り上げてみよう．一般的には「保守対リベラル」といった使われ方をすることが多いが，この概念ほど多様な意味を与えられ混乱の原因となっているものも少ないであろう．

もともと政治的なリベラリズム（liberalism）は，国家権力からの自由を一つの柱とする概念であり，生命，身体，財産，さらに思想，信仰，言論，出版，結社などの自由を主張するものであった．それが一方では，国家は経済・社会的な領域に介入すべきではない，という理念として発展した．この考え方は，市場を通じた経済的な競争の自由，規制の撤廃，低福祉・低負担，小さな政府，といった一連の主張につながる．こうした主張は時に「経済的リベラリズム」あるいは「リバタリアニズム（libertarianism）＝自由尊重主義」などと呼ばれることもあり，また80年代のレーガン，サッチャー，中曽根の各政権などに見られるように，ナショナリズムや伝統的価値観と結びついて政治的な「新保守主義」の重要な要素ともなっている．他方，自由よりも平等を重視する方向に進んだリベラリズムが，アメリカの「リベラル派」などに代表される平等主義的リベラリズムである．この立場の背後には，誰もが平等に配慮され尊重される権利を持つという考え方があり，それは国家による経済・社会的な領域への積極

的な介入，再分配政策による格差の是正，高福祉・高負担，大きな政府，といった一連の主張につながる．

　先述のように，日本では「リベラル」という語は「保守対リベラル」といった使われ方をすることが多く，そこにおいては平等主義的なリベラリズム——「革新」とある程度オーバーラップする——の意味合いが強い．そして多くの有権者の意識の中で，「保守＝強者の味方＝自由（競争）指向＝低福祉＝「官（お上）」の立場」，「リベラル＝弱者の味方＝平等指向＝高福祉＝「民」の立場」といったイメージが作られている．しかし実際には，自民党は一貫して格差是正指向の政党である．もちろん，先に見たように，その格差是正策が特定のセクター——地方，農業，中小企業，自営業といった，票と利益の交換チャネルの効率的な組織化が可能なセクター——に偏り，また「官」との密接な関係の中でその資源配分が決定されているのも事実であるが．いずれにしても，ここで問題なのは，「リベラル」を標榜する政党が既得権の打破，反官僚的姿勢を打ち出すと，それはそうした既得権的な再分配政策や各種の規制の恩恵によって支えられている人々——市場的な競争においては「弱者」となるような人々——の立場を危うくする結果となり，「弱者の味方」というスタンスの維持が困難になることである．ここに日本における「リベラル」のジレンマがある．もし既得権に守られた「弱者」の利益を残しつつ，より一般的なセイフティネットの整備をも行おうとすれば，即座に財政は破綻するであろう．しかも，「リベラル」政党が支持を見込んでいる都市部大企業のサラリーマン（「新保守主義（リバタリアン）」政党もこの層の支持を見込んでいるのだが）の利益は，「強者」としての大企業経営者の利益と（階級的亀裂モデルが描くように）対立するものではなく，むしろそれと一致するものなのである．

　ところで，先に見た保革の対立軸に関しても，保革それぞれの政策パッケージの内部に論理的な齟齬が存在しないわけではない．例えば革新の側では，一方において反官僚的な市民参加に肯定的でありながら，他方にお

いては「国の責任」で福祉の充実，環境保護，消費者保護などを行うことを求めている．逆に保守の側では，一方において小さな政府や自助努力を主張しながら，他方においては社会や経済に対する政府のコントロールを重視し，行政への委任を求めている．しかしこうした一種の論理的なねじれは，有権者にとっては心理的に極めて受け入れやすいものでもある．この心理的なメカニズムは，保革の対立軸が権威への服従や集団的秩序への同調といった，個々の争点の論理以前のより基底的な価値への態度の上に形成されていることから生じている．すなわち，「自由」を，①既存の秩序や上下関係を解体する方向に働く自由，②既存の秩序や上下関係を強化したり新たに創り出したりする方向に働く自由，の二つに分け，それぞれに対する肯定／否定を考えてみると，①に対しては保守が否定（「お上への委任」），革新が肯定（「参加」）であるが，②に対しては保守が肯定（「優勝劣敗の肯定」），革新が否定（「格差の是正」）となり，権威や秩序への態度を軸としてみれば「心理的」な整合性が存在する．

　また最近では，従来の保革の対立軸に乗りにくい対立として，「社会的保守対社会的リベラル」，「物質主義と脱物質主義」，「モダン対ポストモダン」など様々なものが指摘されているが，これらの対立に関しても，それが具体的にどのようなコンテクストと内容において議論されるのかに従って，上記の心理的なメカニズムによって保革の対立軸に吸収されてしまうことが多い．こうした対立に関連した理念的なシンボルとして，「学校の自由化」，「日本の伝統文化」，「日本の国際的なプレゼンス」，「コミュニティ」の四つを例に取って考えてみよう．

　まず「学校の自由化」では，それが過度に厳格な校則の撤廃という意味ならば①，飛び級や能力別クラスの導入ならば②として受け止められ，保革それぞれに見合った反応を引き起こすであろう．また「日本の伝統文化の見直し」が，伝統を尊重しそれに回帰せよという集団規範として論じられた場合には②だが，近代的な秩序へのアンチテーゼとしての文化的相対主義の中での一選択肢として語られる場合には①ともなり得る．さらに

「日本の国際的プレゼンスの増大」は，伝統的なナショナリズムのコンテクストで論じられれば②であるが，国際化，ボーダーレス化などとの関連においては①のニュアンスで論ずることも可能である．最後に「コミュニティ」といったシンボルに関しては，それが前近代的な秩序への再包摂といったニュアンスで語られるならば②であろうし，公的権力や近代的な組織原理からの防波堤となる，自律的な人間どうしのネットワークが形成される場としてイメージされるならば①となるであろう．

いずれにしても，保革の対立軸の争点吸収能力はいまだに高いように思われる．しかしそれが論理的な矛盾をも受け入れながら，政策的対立を心理的（価値態度的）レベルの対立に解消してしまうメカニズムによるものであるならば，政策的な対立に基づく政党再編をより困難にする要因として働くであろう．

最後に，上でも言及したイングルハート（1978）の言う「物質主義」対「脱物質主義」の対立について今少し考えてみたい．前者は安全保障や経済発展を重視するものであり，後者は環境，参加，自己実現などの価値を重視する．彼は第二次大戦後の先進工業国においては，物質的な豊かさや学歴水準の上昇により，脱物質主義者の増大が見られるとする．そして，物質主義的な労働者階級がブルジョワ化し右傾化したのに対し，脱物質主義化した中産階級が現状への異議申し立てから左傾化したことにより，これらの国では投票における階級的な差が縮小したと論じている．こうした脱物質主義的な異議申し立ては，日本においても環境問題や市民参加の問題を中心に60年代後半から70年代にかけて顕著となった．ただし先にも見たように，日本においてはヨーロッパ諸国とは異なり，こうした争点もかなりの程度まで従来の保革の対立軸に吸収されてしまった．さらに，イングルハートの議論は，階級的亀裂に基づく政党間の対立を前提としていた．しかし日本ではこうした階級的亀裂は顕著ではない．

むしろここでは村上（1984）の「新中間大衆」に関する議論が参考になる．彼の描く「新中間大衆」は，一方において物質主義的な「保身性」を

持ち，自分の既得権や暮らし向きに関する問題には敏感だが，他方においては脱物質主義的な「批判性」によって，効率主義，官僚主義に対する反感をも抱いている．重要なのは，ここでも（先の「消費者」に関する議論と同様）「批判性」と「保身性」が同一の人間の二つの側面であり，そのどちらが表面に出るかはその人間にとってのその時々のプライオリティによるということである．豊かさを前提とした環境破壊への批判，既得権を前提とした政治腐敗への批判は，いずれもその前提が危うくなれば保身的な態度に取って代わられるであろう．政党の側でも，与党は彼らの「保身性」を動員しようとし，野党は「批判性」を動員しようとするだろうが，それは二つの相互に対立する社会集団を基盤とした対立とはなり得ず，政党再編のための枠組みとしても脆弱なものに止まるであろう．

再編の攪乱要因

最後に，政策的な対立軸にそった政党再編に対して攪乱的に働くいくつかの要因について考えてみたい．第一に，「自民対非自民」の対立軸の残存である．かつてこの対立軸は与党対野党を意味すると同時に，保革の次元上でも「保守対中道・革新」という実質的な意味を持っていた．しかし今日，安全保障や福祉などに関して自民党以上に保守的な立場をとる政党も現れており，もはや「自民対非自民」が何らかの政策的な整合性を持った対立軸とは言えなくなっている．しかし，政治家，有権者の両者とも，長年にわたる歴史の惰性から，当分の間はこれを重要な軸として認識し続けることは極めて自然であり，このことが政策本位の再編に対する一つの攪乱要因となるであろう．

第二に，政治家どうしの人間関係が挙げられる．この要因はマスメディアによってもよく取り上げられるので，あたかもこれこそが再編における最も重要な要因ではないかと思われるほどである．もちろんこうした人間関係は単なる個人的な好悪の問題だけではなく，いわゆる「政治手法」の違い——例えば，秘密主義でトップダウン型の意思決定を好むか，オープ

ンなボトムアップ型の手続きを重視するか——などとも密接に結びついているため，政策的な意味を全く持たないとは言えないが，少なくともごく普通の意味での政策的な対立軸とは言えないだろう．いずれにしても，これまでの「政界再編」過程におけるこの要因の働きが，同じ政党の中で政策的立場を大きく異にする政治家が共存する一方，政策的立場の近い政治家が敵対する政党間に分散して存在するという現状に少なからぬ影響を与えたと思われる[5]．しかもこうした人間関係は，それ自身を強化する方向に働きがちである．すなわち，一度組んだ人間どうしは次にも組むことによりその関係がさらに強化され，逆に一度袂を分かつとその対立はエスカレートしやすい．そのため，一旦ある方向での離合集散が起きると，その第一歩が次の一歩の方向を規定し，さらにそれが次の動きを強く拘束するといった「経路依存性」を持つプロセスが生ずる．ある時点で，それまでの関係を御破算にし，新たに政策的な立場に基づくビッグバンを起こすのは非常に難しいのである．

　最後に，日本における政策決定，特に資源配分の決定システムの問題がある．具体的には，資源配分の決定に影響力を及ぼし，それを通じて有権者の支持を調達する上で，与党であることが決定的に重要であるという点である．これは各政党に対して，政策的な整合性はある程度犠牲にしてでも連立政権に参加することへの誘因として働く．しかしそれは他方において，政策的な対立に基づく政党再編への意欲を削ぐことに繋がると同時に，有権者の政党離れをより一層加速し，全面的な政党支持の衰退——すなわち「政党再編」ではなく「脱編成」——を引き起こす危険性を秘めていると言えるだろう．

3　政策本位の政党再編の可能性

　以上，本稿では政策本位の政党再編の可能性についつて考察してきた．やや悲観的にすぎる論調になったかもしれない．しかし，議論の意図は悲

観的な主張をすることではなく，むしろ再編を困難にする要因を考察することによって，実現可能な道を探るために考慮すべき点を明らかにすることであった．日本における政党再編の議論（およびそれを念頭に置いた選挙制度改革の議論）には，しばしばこうした視点からの議論が欠落しているように思われたからである．

　具体的には，再編後の政党システムについてどのようなイメージを持つかということである．現在および近い将来における重要な政策的対立軸は何か，またそうした対立軸を体現する政党が現れたとして，その政党を支持し，選挙において実際に投票するのはどのような人々であるのか．特に対立軸に関しては，政策的に重要であると同時に，現実に社会の中にそうした対立——理念的なものであれ，物質的なものであれ——が存在しているのかどうかが決定的に重要である．また支持者に関しては，単に意識を共有する人々というにとどまるのか，それとも何らかの実体がある社会集団を基礎としているのかといった点が重要であろう．これらの点に関する明確なイメージがあってはじめて，日本においては「どのような（政策，支持者）」政党が「いくつ（数，相対的な大きさ）」必要なのか，という議論が現実的な意味を持つと言えよう．様々な選挙制度の適否を論じるにあたっても，たうした観点からの議論が不可欠である．

　そのように考えた場合，今後の日本における政策的な対立軸として確実に重要な位置を占め続けるであろうものは，まず安全保障，防衛，外交の問題を中心とする対立軸（すなわち，より積極的な外交・防衛姿勢対より消極的・現状維持的な外交・防衛姿勢）である．そしてこの理念的・価値的な要素を多く含んだ対立軸は，従来の保革の対立構造を残存させつつ，さらに同様の価値的対立——権威や集団的秩序という価値に関する対立——を内包した新たな争点をもその中に吸収していくであろう．

　では，それ以外に，現実の利害関係と社会的な支持基盤を伴った実質的な政党間の対立軸として，どのようなものが考えられるだろうか．先に触れた，税や社会保険の負担と受益のアンバランスに基づく対立軸（大企業

図1 戦後の政党の主な流れ

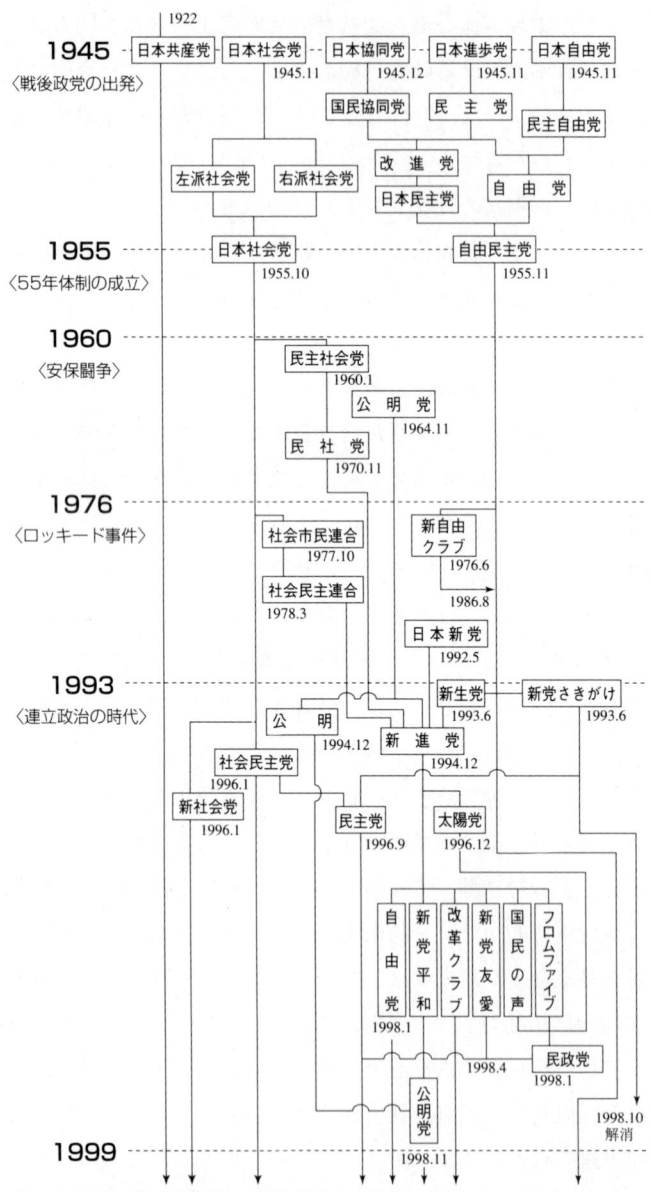

1945
〈戦後政党の出発〉
- 日本共産党 (1922)
- 日本社会党 (1945.11)
- 日本協同党 (1945.12) → 国民協同党 → 民主党 → 改進党 → 日本民主党
- 日本進歩党 (1945.11)
- 日本自由党 (1945.11) → 民主自由党 → 自由党

- 左派社会党／右派社会党

1955
〈55年体制の成立〉
- 日本社会党 (1955.10)
- 自由民主党 (1955.11)

1960
〈安保闘争〉
- 民主社会党 (1960.1)
- 公明党 (1964.11)
- 民社党 (1970.11)

1976
〈ロッキード事件〉
- 社会市民連合 (1977.10)
- 社会民主連合 (1978.3)
- 新自由クラブ (1976.6 / 1986.8)
- 日本新党 (1992.5)

1993
〈連立政治の時代〉
- 公明 (1994.12)
- 社会民主党 (1996.1)
- 新社会党 (1996.1)
- 民主党 (1996.9)
- 新進党 (1994.12)
- 新生党 (1993.6)
- 新党さきがけ (1993.6)
- 太陽党 (1996.12)
- 自由党 (1998.1)
- 新党平和
- 改革クラブ
- 新党友愛
- 国民の声
- フロムファイブ
- 民政党 (1998.1)
- (1998.4)
- 公明党 (1998.11)
- 1998.10 解消

1999

注：2000年4月に自由党が分裂し保守党が結党された．
出所：『知恵蔵』朝日新聞社，2000年

図2　政党間の対立の構図の変容

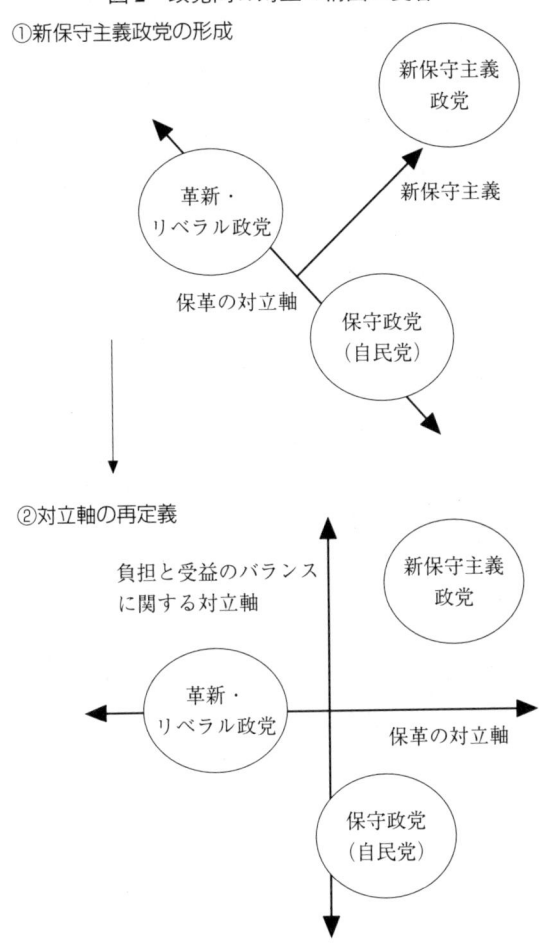

①新保守主義政党の形成

- 新保守主義政党
- 革新・リベラル政党
- 保守政党（自民党）
- 新保守主義
- 保革の対立軸

②対立軸の再定義

- 負担と受益のバランスに関する対立軸
- 新保守主義政党
- 革新・リベラル政党
- 保守政党（自民党）
- 保革の対立軸

労使連合と再分配による受益団体連合をそれぞれの支持基盤とする）などは，ある程度の可能性を持つもののように思われる．もちろん，この対立軸の両側に位置する政党が短期間のうちに新たに形成されるというようなことはないであろう．しかし，タゲペラとシュガート（Taagepera &

7　政党と市民——161

Shugart, 1989) が言うように，新しい政策的対立軸の出現による政党システムの変化は，必ずしもその対立軸の両側に政党が誕生することによって生ずるものではない．むしろ一般的には，まずその対立軸の一方の立場を強く主張する政党が誕生し，それが政党全体の位置づけに関する人々の見方――すなわち対立の構図とそこにおける各政党の相対的位置関係に関する認識のマップ――を変化させることによって，新たな対立軸に基づく政党システムへと移行することが多い．従って，日本においては，まず負担と受益のアンバランスの是正を主張する新保守主義（リバタリアン）的な政党がまずその位置を確保し，政策的な再分配指向の最も強い自民党との間に新たな政策的対立軸が生じ，さらにそれが保革の対立軸（あるいは「保守」対「（平等主義的）リベラル」の対立軸）を「再定義」するといったシナリオが考えられる（図2）．もちろん，この場合には，新保守主義的な政党がその潜在的支持者をどれほど実際に動員できるかが重要なポイントになる．

　今後，こうしたイデオロギー性が比較的薄い，言い換えれば今まで以上に剥き出しの経済的，物質的な利害対立に基づく対立軸が顕在化する可能性が強い．それは同時に，地域的・職業的集団間のより可視的な対立を意味するものとなろう．こうした対立が日本の政治文化の中で具体的にどのような形をとるのか，これもまた極めて興味深い問題であるが，これについては稿を改めて論じたい．

注
1) 公明党のように宗教団体を支持母体とする政党は存在するが，それらは社会の中に構造化された宗教的対立を反映した政党ではないので，社会的亀裂モデルによる説明は適当ではない．
2) 先に述べたように日本では社会的属性が党派性に及ぼす影響は小さいが，逆に年齢（世代）の影響のみは欧米諸国より大きい．これは，保革の対立がこうした新旧の価値観と深く関わり合っていることによるものである．
3) もちろん，人々が「生産者として」得た利益は，その裏側で「消費者と

して」被っている幾重にも積み重なった損失によって帳消しになっているかも知れない．ここでの議論についてはダウンズ (1980) を参照．
4) この点については大嶽 (1999) を参照．
5) 各党議員の政策的立場については蒲島 (1999) を参照．

参考文献

ダウンズ, A., 1980 古田精司監訳『民主主義の経済理論』成文堂
イングルハート, R., 1978 三宅一郎他訳『静かなる革命』東洋経済新報社
伊藤光利, 1998 「大企業労使連合再訪」『レヴァイアサン』1998 冬号, 73-94 頁
蒲島郁夫, 1999 「全国会議員イデオロギー調査」『中央公論』5月号, 46-61 頁
蒲島郁夫・竹中佳彦, 1996 『現代日本人のイデオロギー』東京大学出版会
Lipset, S.M. & Rokkan, S., 1967 Cleavage Structures, Party Systems, and Voter Alignments, in S.M. Lipset and S. Rokkan eds., *Party Systems and Voter Alignments*, New York : Free Press, pp. 1-64
三宅一郎, 1998 『政党支持の構造』木鐸社
村上泰亮, 1984 『新中間大衆の時代』中央公論社
大嶽秀夫, 1999 『日本政治の対立軸』中央公論新社
Taagepera, R. & Shugart, M., 1989 *Seats and Votes*, New Haven : Yale University Press
Watanuki, J., 1967 Patterns of Politics in Present-Day Japan, in S.M. Lipset and S. Rokkan eds., *Party Systems and Voter Alignments*, New York : Free Press, pp. 447-466

〈コラム〉政党再編の可能性

　いわゆる55年体制のもとで1950年代後半から1990年代初頭にかけては比較的安定していたわが国の政党システムだが，92年の日本新党設立前後から急激に流動化したことがわかる（160頁図1）．その最大の原因は冷戦の終結である．すでに70年代以降，対立のイデオロギー的な意味は希薄化していたが，事実としての東西の力の対立が存在する以上，その国内的な表現という意味を強く持っていた保革対立のシステムもまた固定化されていたのである．しかし89年のベルリンの壁崩壊や91年のソ連の解体などを経て冷戦が事実上終結した結果，その国内政治に対する拘束も急速に弱まり，その結果自民党も，（遅れて）社会党も，「分裂できる」条件が整ったと言える．しかし本文で論じているように，この流動化は少なくともこれまでのところ政策本位の政党再編にはつながっていない．また市民の側も，政治家を媒介とした利益配分のネットワークに連なることによってこの流動化についていく人々（言い換えれば，ついていく政治家の所属政党を支持するという意味において「政界再編」を草の根レベルで支える人々）と，そうしたネットワークからはずれてしまい，政党支持に意味を見出せなくなった人々（すなわち「脱編成」を体現する人々）とに2極分化しつつあるように見える．

　このような状況の中で，2000年の6月には，新しい選挙制度のもとでの2回目の総選挙が行なわれた．この選挙では，都市部における民主党の躍進，自民党の退潮が目立ったが，その一方で，地方，特に町村部においては自民党が底力を見せた．特に印象的であったのが，東京都において現職閣僚を含む自民党の大物ベテラン候補が次々と落選したこと，またその一方で，都市部では躍進を遂げた民主党の鳩山代表が，公共事業の見直しなどを口にした影響で，地元北海道の選挙区で大苦戦をしたことであった．ここには公共事業のコスト負担と受益のバランスに関する大都市部（特に大企業のホワイトカラーや専門職など，比較的高学歴で若い有権者）と地方・町村部（特に中小企業，自営業，農業などに携わる有権者）との対立，すなわち負担ばかりで受益の少ない公共事業は見直すべきだと考える前者と，景気や雇用の安定のためにはそうした公共事業に頼らざるを得ない後者との対立がはっきりと見て取れる．こうした有権者レベルの動きを政党がどのように受け止めるか，そして利益の対立を認めながらもそれを乗り越えるような政策を打ち出せるかどうかが注目される．

8
情報メディアと政治

川上和久

はじめに

「情報化社会」という言葉が使われだして，すでに30年以上が経とうとしている．たしかに，先進諸国のこの30年の歩みは，コンピュータ・情報通信技術を中心とする高度な技術革新に支えられて，情報の流通と蓄積が飛躍的に高まり，「IT革命」(Information Technology革命)とまで言われる大きな変化が訪れ，21世紀に向けて，ITを中心とする社会の革新は，ますますそのテンポを早めようとしている．

こういったIT革命は，当然のことながら，従来のメディア自体を変化させるだけでなく，政治自体も変化させ，メディアと政治・市民との関係をも変化させずにはおかないだろう．15世紀半ばにおける活版印刷技術の発明は，人々の情報環境を飛躍的に拡大させ，宗教改革という既存の権力に対するアンチテーゼを可能にした．情報メディアが政治を，社会を大きく変えたのである．蒸気機関の発明に始まる大量生産・大量輸送への道は，電信や無線電信といった新たな通信技術の発明とあいまって，近代国家の政治体制を作り上げた．戦争をはじめとする近代国家の意思を，情報メディアが拡大していったのである．さらに，ラジオやテレビなどの大衆への情報伝達手段の出現は，大衆民主主義を発達させた．

こうしてみると，情報通信の歴史上も革命的な意義を持つとされるIT革命は，活版印刷技術の発明や産業革命にともなう大量生産・大量輸送，

マスメディアの発達に比肩する，政治へのインパクトを持ち得ると考えられる．

それでは，こういった IT 革命がもたらす政治へのインパクトを，どのようなベクトルで整理すればいいのだろうか．ここでは「権力」「メディア」「市民」の三者の相互関係において 21 世紀のメディアと政治を論じていくことにしたい．政治制度上の三権分立とは別に，情報流通の点から「権力」「メディア」「市民」の三つのパワーが，ときには相互に緊張関係を保ちながら，バランスをとっていく社会，そしてそれに適合する形での 21 世紀のメディア社会における政治システムが，IT 革命の延長線上に浮かび上がってくることを，本章では明らかにしていきたい．

1 メディアの発達と政治

権力に独占されていた情報とメディア

基本的に，権力者である統治者と，被統治者との関係から発している政治において，その権力関係を明示し，機能させる主体自体が，情報であり，それを伝達するコミュニケーションメディアであるといっても過言ではない．

情報を記録し，伝達する有力な手段は，いうまでもなく文字であった．古代におけるエジプト文明は，エジプト文字というコミュニケーション手段と，パピルスという，優れたコミュニケーションメディアを持っていた．パピルスに記された文書としては，故人顕彰を目的とした「死者の書」が有名であるが，現存する記録の多くは，このような宗教的目的だけでなく，財政状況の把握・政治的目的など，統治を目的としたものであった．パピルスに記された文字は，権力による支配をより効率的にするための手段として用いられていたのである．チグリス・ユーフラテス川の流域に発達したシュメールの都市国家群でも，文字による記録が行われていた．この地域では，その地で容易に入手できる粘土が情報メディアとなり，粘土板に

楔形文字が記録されていったが，その内容は，権力を持っている神殿の収支や諸規則に基づいた決定，徴税状況，農作物や建築事業計画など，行政データが大部分であった．

情報を伝達するルートも，古代においては権力関係と不即不離の存在だった．交通の中心の一つであり，コミュニケーションの伝達経路であった道路や運河，あるいは駅伝制度など，莫大なコストをかけて整備した交通システムは，一面では統治システムそのものだった．

このように，文字に記された記録や，交通という当時の情報の流通手段など，情報流通に関係するさまざまなシステムが，組織的に整備されたり利用されたりする時に，すべからく権力の手に握られ，統治をより効率的に行っていく手段として最大限利用されたということが分かる．

ネットワーク型の情報流通によって，権力に対抗するメッセージが流され，権力関係自体が逆転する例も，枚挙にいとまがないが，基本的には，その時々の権力とメディアは，一体化した存在として，被支配者に対する下降過程として機能した部分が大きかったのである．

中世のヨーロッパでも，人々の情報環境は，著しく制限されたものであったことが知られている．もっとも重要な情報源は教会であり，教会で語られるさまざまな世界観や情報が，外部的世界とコミュニティ内部の人間とを媒介していた．

外部からの非常に重要なニュースについては，「触れ役」が大声で告知したりすることもあったし，回覧板が村から村へ回されることもあった．旅芸人や吟遊詩人，娼婦や流浪者，盗賊，免罪符売り，旅の僧など，コミュニティから自由な「漂泊の民」が，公式情報ではない非公式情報を担っていた点で人々の情報環境に広がりを持たせてはいたが，噂に尾鰭がつくような形で著しい着色がなされていたり，もともとプロパガンダの目的でパトロンがついていたりなどで，権力維持のための情報操作が頻繁に行われ，政治の下降過程として機能していた．

印刷技術の発達と18世紀のメディアの上昇過程としてのインパクト

しかし，商業貿易が活性化していくにつれて，都市には貿易相手である各地の情報が集まるようになり，増大する商品に対するニーズは，交通体系を発達させ，情報流通を活性化させ，コミュニケーションを発達させることになる．

こういった背景のもとで，グーテンベルクが発明した活版印刷技術の社会的影響は，図りしれないものがある．それまで「話し言葉」が情報伝達の中心であり，「書き言葉」は一部の権力の所有物であったのが，安価に大量の「書き言葉」が流通することになり，それまで「書き言葉」から疎外されていた層にも，さまざまな情報がもたらされ，識字率が向上して情報リテラシーが向上する結果になった．その典型が宗教改革であろう．

宗教改革の指導者であった修道士マルチン・ルターは，カトリック教会を非難する宣伝ビラやパンフレットなどを印刷し，ドイツ各地に配布した．1517年10月31日に，ルターがヴィッテンベルク城に打ちつけた「95箇条の論題」は，わずか3年で30万部も印刷されたと言われている．印刷媒体のみならず，賛美歌や演劇も併用され，いわば「メディアミックス」のはしりのような形で民衆に反カトリック思想が説かれた．これは，情報の大量流通が，情報を独占している権力に対して異議申し立てをすることを可能にした歴史的意義を持っているといえよう．

これに続く「革命の世紀」といわれる18世紀のヨーロッパ・アメリカでも，メディアが「権力に対しての上昇過程」としての機能を遺憾なく発揮した．18世紀フランスの啓蒙思想の普及に続くフランス革命時においては，新聞読者層が既に存在していた．革命時には週に約25種の小冊子が定期的に発行されており，権力に対して，活字メディアが威力を発揮することになったのである．ここで盛んに流通した情報も，ミラヴォーらが反絶対主義思想の啓発に用いた新聞に象徴されるように，権力に対抗するプロパガンダ・メッセージが中心であった．

アメリカ独立戦争においても，新聞などのマスコミ媒体が発展途上にあ

り，親英派，独立派の新聞が入り乱れて，人々に影響を与えた．有名なボストン茶会事件やオルバニー会議なども，独立派の新聞紙上で取り上げられることで，センセーションを巻き起こしたし，トーマス・ペインの，イギリスからの即時独立を主張する論文「コモンセンス」は，独立派の「ペンシルバニア・パケット」紙に連載されたが，独立派の各紙に転載され，パンフレットも5万部を売り上げた．新聞メディアは，親英派，独立派それぞれと結びついて，大きな政治的役割を果たしたのである．

このように，活字メディアは，18世紀に至り，これまで情報から疎外されていた市民階級の人々に，既存の権力に対するアンチテーゼを提示する機能を果たし，市民社会に「活字文化」としての情報を浸透させていく結果となり，欧米の社会構造を大きく変えていったのである．その中で，メディアは「市民の周辺で，なにが起こっているかを知らせ」「事実の意味と意義を説き」「公の政治的対話のための論壇を提供し」「政治権力，経済権力の行動を明らかにし」「政治的見解の主張のための伝達経路として機能する」という，五つの主要な機能を備えるに至るのである（Mcnair, 1995）．

19世紀以降の国家の意思とジャーナリズム

メディアが初めて権力に対する異議申し立てをするパワーを糾合した18世紀と対比すると，19世紀は，国家の意思をあるときは代弁し，あるときは牽引したメディア，特に新聞の機能が際だっていたといえよう．それは，大量印刷の技術，そして，より多くの読者に届ける大量輸送の技術に裏付けられていた．

メディア自身の変化を象徴するのは，1883年にジョセフ・ピューリツァーによって買収された日刊紙「ニューヨーク・ワールド」であろう．市民階級に知識を提供する機能とは異なり，「ワールド」は，価格が安いだけでなく，読者の目を引きつけるような言葉を際だたせる大きく扇情的な見出しの採用，イラストの多用，マンガの連載で，字を読むだけでなく，

ビジュアルな側面を強調した．また，記事内容も，従来の政治・経済などに関する情報提供に加えて，犯罪報道やスキャンダル報道，ローカルニュースなど，現在の社会面・三面記事にあたるようなセンセーショナルな内容を盛り込んだ．

「ワールド」は，ハーストが創始した日刊紙「ニューヨーク・ジャーナル」との販売合戦の中で，こういったセンセーショナリズムを尖鋭化させていった．その結末は，たとえば1898年の米西戦争であろう．「ワールド」「ジャーナル」の両紙とも，キューバにおけるスペインの圧政などをことさらセンセーショナルに報じて世論を憤激させ，当初外交交渉を通じて事態を打開する方針だったマッキンリー大統領を，宣戦布告せざるを得ない状況に追い込み，開戦するや，大がかりな戦争報道で，さらに部数を拡大した．米西戦争は，フィリピン，グアムの獲得などでアメリカの太平洋政策にも大きな影響を与えたが，その契機をメディアが創り，さらに煽動して国家をも動かした事例だということができよう（橋本，1988）．

20世紀，情報メディアの発達と権力－メディアの関係

20世紀に入ると，メッセージを符号化する役割を担った電信，さらにそこから発達した無線電信を利用して，情報収集のネットワークが広がり，新聞の情報提供能力が飛躍的に高まる一方，映画などの視覚メディアの発達，雑誌など活字メディアの多様化，蓄音機の普及，ラジオ局の開設と普及など，大衆ジャーナリズムがさらに拡大し，相乗作用によって，文字どおり大衆文化という形で，民衆をいくつかの領域の情報でつなぎ合わせていき，アメリカでは空前の大衆消費社会の到来をみた．

こういった大衆消費社会においては，メディアミックスで話題を創りだし，さらにそれがコミュニケーションルートに乗ってますます話題を拡大させるという，社会全体を巻き込む情報システムが機能していくことになる．その一つの帰結が，全体主義の中でのメディアシステムであり，情報統制であった．

日本でも，軍国美談などの形でジャーナリズムが大衆を熱狂させる状況の中で，大衆ジャーナリズムの持っている権力を批判するセンセーショナルな危険性をコントロールし，目的を達成するために，あらゆるメディアについて，そこを通して流れる情報の統制を強めていくことになる．

　1938 年に公布された国家総動員法では，政府が新聞社などの休止・合併や解散命令を出すことができるようになった．それに続いて，国防保安法，不穏文書取締法など，戦時目的の達成という名目のもと，言論統制関連法規が，次々に強化されていったのである．

　政府は，こういった言論統制を体系的に行うため，1936 年に内閣情報委員会を設け，1937 年には内閣情報部として発足させ，さらに 1940 年には内閣情報局へと拡大発展させていった．言論統制を行うだけではなく，積極的に，各省庁が行っていたプロパガンダを統合し，一本化していったのである．

　また，1941 年の新聞紙等掲載制限令では，首相の記事差し止め権が認められることで，内閣情報局から差し止め記事の通達が頻繁に行われるようになっていく．特に太平洋戦争に突入すると，内務省警保局検閲課をはじめとして，多くの関係省庁による検閲が日常化し，報道ジャーナリズムはがんじがらめの状態に追い込まれていった（内川，1989）．

　戦争で物資も逼迫していく中で，紙やフィルムなど，新聞や映画を制作する材料を制限され，さらに情報内容にまで検閲が及んでいくことで，通信・出版・新聞・放送・映画・レコードをはじめとして，大衆ジャーナリズムを発展させてきたすべてのメディアは完全にその主体性を失ったのである．もちろん，戦争目的を遂行するための「政治の下降過程」は，メディア統制だけで完成するものではない．メディアを通した情報と，システム化された中間集団などを通した規範による統制が相乗作用を起こすことで，巨大な体系的疑似リアリティが創出される．そして，そういった情報や，組織に依存して世界観を形成していた大衆は，完全に巨大な「戦争物語ジャーナリズム」の仕掛けの中に呑み込まれていったのである．

近代とともに歩んだマスメディアは，全体主義の社会システムの中では，権力と一体化して，権力に対する批判能力を失うだけでなく，権力の一部として，政治の下降過程の一翼を担ったのである．

テレビの登場と権力－メディア関係

戦後，全体主義的な権力によるメディア統制は，社会主義国家や独裁国家はさておき，民主主義国家では露骨な形では行われなくなったが，表には出ない形で，さまざまなメディア統制，それによる市民の情報からの疎外は続いていた．その例として，テレビという戦後の新しいメディアをみてみよう．

テレビの登場は，さまざまな社会的影響をもたらしたが，ニュース報道分野でも，そのスタイルが変わっていった．「絵になる場面」が常に求められるようになり，それにふさわしいテーマが素材として選択されやすくなり，情報を提供する側も，テレビニュースとして取り上げられることを意識した情報発信が前提となり始めた．アメリカでは，4年に1度の大統領選挙候補を決定する党大会や，宇宙開発計画，公民権運動の激しいデモの模様などが，テレビニュースの格好の素材となった．政治の「イベント化」に，テレビが一役も二役も買ったのである．

日本でも，テレビによって，創られた「現実」との奇妙な一体感が生まれた．たとえば，1959年の皇太子結婚式テレビ中継を見た人は，1,500万人にものぼったといわれているが，このイベントが，象徴天皇制における皇室と国民の一体感を醸成する役割を果たしたとの指摘がなされている．

だが，テレビが大衆社会化の中核の役割を担う一方で，圧倒的なインパクトを持っていたことが認知されたからこそ，権力によるコントロールの危険性も内在されていた．

1960年代は，高度経済成長で国民生活の著しい向上が見られる一方で，60年安保反対闘争，ベトナム戦争，沖縄返還問題，大学紛争と，政治的にも多くの激しい動きが見られた．このような政治的な動きを伝えようと

するマスメディアも，当然これらの政治的動きに翻弄され，たとえばベトナム戦争の関連では，1968年に，TBSの看板ニュース番組・「ニュースコープ」の田英夫キャスターの降板事件などが起きた．

田英夫は西側のテレビ局として初めて北ベトナムのハノイに入り，現地取材したドキュメンタリー「ハノイ・田英夫の証言」を放送した．ここでは，アメリカから発せられる圧倒的な量のベトナム報道とは異なる，北爆を受けてもなお戦う意欲が旺盛な北ベトナムの人々が描かれていたが，この番組に対しては，大きな反響とともに，強い抗議も巻き起こり，結局田英夫は辞任を余儀なくされた．政治の季節だった60年代とは裏腹に，テレビは「脱政治化」を余儀なくされていったのである．

日本では，新聞がその発行に関して法的規制を受けずに，形の上では権力から独立しているのに対して，放送は，放送法によって郵政省から事業免許を受けなければならないことになっており，許認可という形で，行政のコントロールをより受けやすい立場にあることもあるが，テレビは，60年代だけでなく，たとえば1993年の総選挙における，テレビ朝日報道局長の「連立政権を誕生させるために，自民党を悪く描き，新党を良く描く世論操作を行った」などの発言が国会で問題とされた例などに象徴されるように，さまざまな形で権力からの批判を受けやすい状況に置かれているといえる．政党でも，自民党が「報道モニター制度」を設け，不公正な報道をモニターがチェックするという形で，報道をコントロールしようとする動きが見られ，政治との関係で，自由な報道が保障される方向には向かっていない（川上，1998）

2　現代のメディア社会と権力・メディア・市民関係

記者クラブ制度にみる権力ーメディアの関係

メディアの発達は，権力により促された側面，権力へのアンチテーゼとして促された側面，そして権力の一部となって，下降過程を担った側面，

権力に対して上昇過程として機能した側面と，権力との関係において，両面価値的な側面を持ち続けてきた．現代の権力－メディア関係においても，それは続いている．新聞を例にとって，こういった問題点を考えてみよう．新聞は，先にも述べたように，テレビのような放送メディアとは異なり，事業に行政の許可を必要とせず，権力から独立している．理想的な図式としては，メディアが独立した存在として，情報源である権力と半ば緊張関係にあり，権力をコントロールするための情報の切り出しを行っていることで，市民にバランスのとれた情報提供がなされる必要があるが，現実にはそのようなバランスが保たれないシステムが続いている．その典型例が，記者クラブ制度であろう．

日本の近代ジャーナリズムの黎明期である明治時代にも，官庁には取材のための場所が用意されており，官僚から資料をもらう時などに待機していた．1980年の帝国議会開設の際には，「議会出入記者団」が結成され，議会の傍聴券の調整などの役割を果たした．これが後に記者クラブとして，地方にも広がり，取材機関としての機能が強化されていく．

戦後，こういった記者クラブが，特に戦争報道などにおいて，無定見に情報源の提供する情報をタレ流しにし，政府の広報機関とほとんど変わらない実態となった反省もふまえ，改めて記者の親睦団体としての性格が確認されたものの，情報源からもたらされる情報を一元化して，そのまま取捨選択する傾向は，今に至っても根強く残っている．

現在，記者クラブは，「内閣記者クラブ」をはじめとして，中央官庁だけでなく，地方自治体や政党，経済団体にいたるまで，多数存在している．もちろん，記者クラブ制度がなければ，情報入手に当たって激しい競争が起き，スクープ合戦がより過熱化して，取材に要するコストもかかってしまうことになる．マスメディアにとっては，他社との競争なしに安定した情報を得ることができるメリットがあり，情報源としても，記者クラブを通すことで，記者からの取材攻勢をある程度防ぎ，効率の良い情報伝達をしていくことができる．一種の，情報伝達の秩序を維持している機能があ

ることは確かだろう．

　しかし，記者クラブ制度は，情報源→メディア→市民へという情報伝達過程の中で，情報源の意図する情報操作がメディアのチェックを受けることなく，複数のメディアで報じられることによって，現実として認知されやすい傾向を内在している．いわば，メディアが権力に挑戦したり監視したりするよりも，むしろ情報源と結びついて，当局発の情報を受け手に広報する媒体として機能することで，さまざまな社会的現実の歪みを引き起こしているのである．

　記者クラブ制度は，いわば横並び志向の弊害だが，そういった横並びから少しでも抜け出ようとする意識を，記者たちは常に持っている．スクープ合戦といわれているものである．スクープは，メディアの価値を高めると同時に，スクープをものにした記者自身の栄誉にもなる．スクープは，他の人間が気づかない部分に光を当てるわけであるから，独自の調査報道が必要になってくる．ウォーターゲート事件やリクルート事件は，こういった調査報道が実を結んで，政界をも動かす力になった好例である．常に「権力を監視する」意識を持ち続けることで，マスメディアが権力と緊張関係を保つことが求められているといえよう．

情報公開――市民による権力チェック

　マスメディアの調査報道などを通じて，権力をチェックするだけでなく，これまで，「依らしむべし，知らしむべからず」で，市民に対して行政の情報がなかなか公開されていなかった状況に対し，行政のアカウンタビリティを要求する一環として，情報公開を求める動きが生まれてきた．情報公開は，「市民オンブズマン連絡会議」などの，いわば上昇過程を担う世論集団の手によって，食糧費の公開を中心として積極的に進められ，官官接待などの問題点が浮き彫りになった．だが，特に権力の中枢である行政の情報公開を求める動きは，一朝一夕に出てきたものではない．

　1960年代の後半から，公害や薬害など，具体的な被害をともなう社会

的問題が顕在化し，さまざまな市民運動が活発化した中で，行政機関の持つ情報を公開すべきだという運動が生まれた．その嚆矢は，日本消費者連盟が 76 年に主張した，情報公開法の立法要求である．79 年には自由人権協会が情報公開案を発表し，80 年には「情報公開法を求める市民運動」がスタートした．

　82 年 3 月，全国の自治体では初めて，山形県金山町に日本初の情報公開条例が誕生した．施行当時，「小さな町の大きな実験」として注目を集めたが，これが契機となって，その後，すべての都道府県，800 以上の市町村（1999 年現在）で情報公開条例や要綱が制定され，今後も制定する市町村の数は増え続けるだろう．

　国レベルでも，83 年に臨時行政調査会が「行政改革に関する第五次答申」をまとめ，情報公開に関する提言をしたのを受けて，総務庁で情報公開に関する論点の整理が行われ，80 年以降，さまざな情報公開法案が国会に上程され，1999 年 5 月には，ついに「行政機関の保有する情報の公開に関する法律」（情報公開法）が成立し，21 世紀は，「情報公開の世紀」になっていこうとしている．

　こういった情報公開がなぜ必要なのか，そして，21 世紀の「権力」「メディア」「市民」の関係の中で，どのように位置づけていったらいいのだろうか．もともと古代ギリシアの「市民」の概念は，「権利」と同時に「義務」をともなっていた．支配者からの政治の下降過程に対応する上昇過程を構築するには，より抽象的な目的のため，もしくは社会全体の利益のために一般的主張を展開する，義務感を持った「市民」の連帯が不可欠となる．しかし，これもあくまで情報公開によって，行政情報を知る権利が確立され，システムを変更するような動員がなされることが前提となる．

　先進諸国においては，等しく「公」から「私」への視点のシフトが起きており，「私」から「公」への視点のシフトを促していくことは容易ではない．だが，HIV 訴訟に見られるように，情報公開が幅広い公の価値の浸透を生み，システムの欠陥を糺す役割を果たす例も見られるようになっ

てきた．マスメディアが権力と対峙して，必要な情報の提供や，論点の提示を市民に行う必要性が高まる一方で，ますます複雑化し，巧妙化する擬似的な情報環境の中で，上昇過程を担う世論集団を形成していくのは容易なことではない．しかし，情報公開の進捗で，その歩みは着実に進んでいくことが期待される．

　また，情報公開と並行して個人情報の保護も重要な課題となってきている．データネットワークの形成は，これまでの流れを見る限り，迅速なサービスや高い効率を求める社会的要求を満たしていくのに十分な可能性を持っている．だが，それがプライベートな生活の侵害に対する防波堤を突き崩してしまう危険性も内包している．京都府宇治市では，1998年2月に，関連業者を通じて，ほぼ全市民の住民基本台帳データが流出する事件が起きた．情報公開が必要な一方で，電子情報時代にあっては，プライバシーを保護する情報セキュリティ施策がますます求められるようになろう．

情報基盤整備と行政

　前節で述べた情報公開を効率的に進めていくためにも，行政の情報化を推進していくことが求められている．行政の情報化は，情報公開を効率的に行うだけでなく，行政と国民や企業の間の行政手続きの負担を軽減するなど，「権力」「市民」のインターフェイスを活性化させる起爆剤としての幅広い効果が期待されており，1994年に策定された「行政情報推進基本計画」と，97年の改定計画がその骨子になっている．これは，1993年にアメリカのクリントン政権が「情報ハイウェイ」と呼ばれる全米情報基盤（NII）構想から情報スーパーハイウェイ構想を打ち出し，2000年までに，図書館や学校，企業，家庭などを電話線，ケーブル，光ファイバ，無線などの情報通信基盤により結ぶことを打ち出したり，インターネットや電子商取引の爆発的普及という社会背景をふまえたものになっている．

　政府の「行政情報推進基本計画」は，主に三つの側面からなっている．第一は，インターネット等の活用による行政情報の電子的提供・収集の推

図1 都道府県におけるOA機器の設置台数の推移

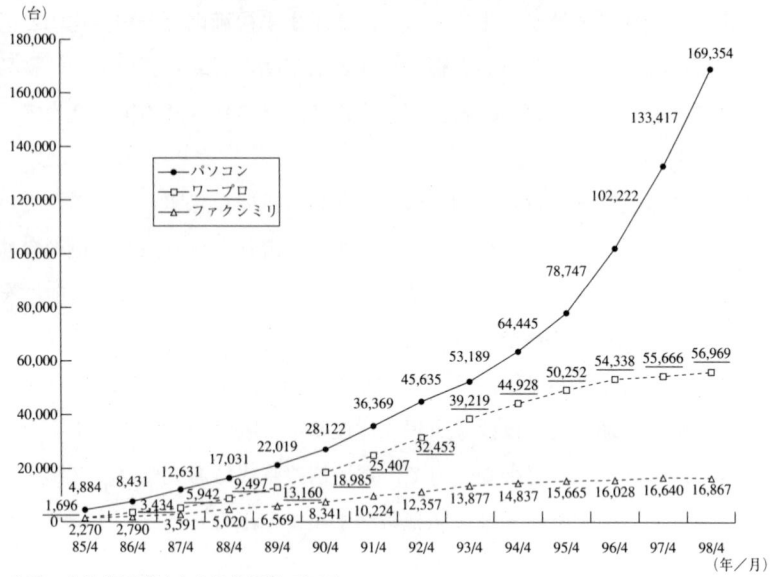

(台)

パソコン
ワープロ
ファクシミリ

年/月	パソコン	ワープロ	ファクシミリ
85/4	1,696	2,270	—
86/4	4,884	2,790	—
87/4	8,431	3,434	3,591
88/4	12,631	5,942	5,020
89/4	17,031	9,497	6,569
90/4	22,019	13,160	8,341
91/4	28,122	18,985	10,224
92/4	36,369	25,407	12,357
93/4	45,635	32,453	13,877
94/4	53,189	39,219	14,837
95/4	64,445	44,928	15,665
96/4	78,747	50,252	16,028
97/4	102,222	54,338	16,640
98/4	133,417	55,666	16,867
	169,354	56,969	

出所:自治省編『地方自治情報管理概要』。

進や,オンライン申請に代表される,申請・届出等の手続きの簡素化など,「社会と行政との接点の情報化」の側面である.これは,効率的な情報公開の前提ともなる.実際に,電子媒体による情報提供や,「総合案内クリアリングシステム」など,各省庁のデータベースの横断検索システムも整備されつつある.

　第二は,省庁内のLANなどを活用した内部事務のシステム化,データベースの共有や,文書管理システムの整備など,「行政内部の情報化」である.中央省庁のシステム整備が進められるのと並行して,都道府県や市町村などでも急速にオンラインシステムやデータベースシステムが整備されつつあり,その整備状況の一つの指標となるOA機器の設置台数を見ても,1995年から1998年のわずか3年間で倍増しているなど,急速な整備が行われつつある(図1).

　そして,第三が,ネットワーク基盤の整備や安全性・信頼性対策の強化

表1　公立学校における情報インフラ整備の状況　　（1998年3月末現在）

	コンピュータ設置校数（設置率）	コンピュータ設置台数（平均設置台数）	インターネット接続校数（割合）	ホームページがある学校数（割合）	ソフトウェア平均保有種類	コンピュータを操作できる教員数（割合）	コンピュータを指導できる教員数（割合）
小　学　校	22,634 (95.1%)	236,408 (10.4台)	3,230 (13.6%)	1,019 (31.5%)	29.1	170,401 (42.0%)	87,917 (21.7%)
中　学　校	10,445 (99.8%)	293,302 (28.1台)	2,375 (22.7%)	801 (33.7%)	57.4	129,114 (51.8%)	57,734 (23.2%)
高 等 学 校	4,162 (100%)	295,928 (71.1台)	1,557 (37.4%)	986 (63.3%)	31.1	129,986 (62.2%)	51,048 (24.4%)
特殊教育学校	905 (98.6%)	10,351 (11.4台)	201 (21.9%)	113 (56.2%)	27.9	19,189 (37.3%)	7,045 (13.7%)
全　　　体	38,156 (96.9%)	835,989 (21.9台)	7,363 (18.7%)	2,919 (36.9%)	37.0	448,690 (49.0%)	203,744 (22.3%)

注1：ホームページがある学校数の割合は，インターネット接続校数に対する割合．
　2：ソフトウェアとは教科等用，教材作成用および校務処理用ソフトが対象．OS，ワープロ，表計算等は含まない．
出所：文部省「公立学校における情報教育の実態等に関する調査」．

などの「情報化推進の基盤整備」である．

　こういった政府の基本計画に基づいて，地域の情報化計画も進められており，郵政省の情報通信基盤整備プログラムに基づく整備目標では，2000年までに全国の学校，図書館，公民館，福祉施設等の公共機関に光ファイバ網を整備し，2010年までに光ファイバ網をそれ以外の一般家庭などにも整備するとしている．

　こういった地域・生活情報通信基盤高度化事業などによって，公共施設のネットワーク化を促進し，学校や公民館・出張所，役所，大病院や診療所などを結んで高齢化社会などにも対応できる情報伝達網を作っていこうとしたり，民活法特定施設整備事業，ケーブルテレビ事業の拡充，コミュニティFMなどが，政策課題として取り上げられている．

　こういった基盤整備などのハード面に乗せるソフトを含む形で，都道府県など地方自治体レベルでの地域情報化計画が策定されている．「教育に

おける情報化」では，アメリカでは小・中・高校のインターネット接続が8割以上であるのに比較すると，1998年の時点で接続校数が2割弱と後れをとっているものの，急速にこの比率は上がり，学校同士のネットワーク化，情報の共有と交流が加速度的に進んでいくと考えられる（表1）．

　保健・医療・福祉分野においても，特に地域医療情報システムなどを活用した画像伝送，ICカード化や電子カルテによる個人データのネットワーク化などが進められている．この他，地域づくりの起爆剤として，地域情報化にかける期待は大きい．

　このように，政府，地方自治体が着々と情報基盤の整備に取り組んでおり，市民の側で，より効率的に行政情報にアクセスしたり，その結果として，政治・行政に関与していけるようなリテラシーを獲得する前提条件は整いつつある．「権力」→「メディア」→「市民」という情報流通だけでなく，情報化・電子メディア化をテコにして，「権力」→「市民」へ，そしてさらに「市民」→「権力」へという情報流通が活性化し，市民にとっても，メディアを通した情報を多角的に検討していく余地が広がっていく．ネットワークメディアを中心としたメディアの一層の発達・情報基盤の整備が，情報流通のあり方を変えていこうとしている．

3　メディアの発達は21世紀の民主主義社会を成熟させるか

　メディアの発達が，民主主義社会の成熟を促すという理想は，20世紀においてもくり返し語られてきた．「コミュニケーションの成長循環理論」は，その典型例といえよう．メディアが発達し，情報が流通すれば，情報から疎外されていた問題についても人々が情報を入手できるようになり，政治参加を促進して，民主主義的な決定による社会が築かれていくというものである．

　権力による情報操作が未だに行われている現状，そして情報化が進展すればするほど，「私」の領域が拡大し，むしろ政治参加が減退している先

進諸国の現状を重ね合わせると，単純にこういった図式を受け入れることができないのは言うまでもない．

　しかし，メディアから発せられる情報そのものではなく，そういった情報を受け取る人間のコミュニケーション様式が変化していくことによって，ラーナーがいうようなコミュニケーションの成長循環を起こしていくことも不可能ではない．

　人間のコミュニケーション様式の変化とは，一言でいえば，下降過程を担うタテのコミュニケーションから，上昇過程を担うヨコのコミュニケーション，ネットワーク型のコミュニケーションへの変化といってもいいだろう．こういった変化は，情報通信基盤が整備されて，情報化が進むに従って，情報操作や情報管理の一方で，より顕在化してくると考えられる．情報化という社会の変化に対応するためには，旧来型の定型的なコミュニケーションでは適応しきれない部分が頻繁に生ずるからである．特に，インターネットの急速な発達によって，管理のできない権力分散型のネットワークが形成されていることは，21世紀のメディアと政治を考えていく上で，重要な意味を持つだろう．

　インターネットなどのネットワークで結びついた市民，あるいはNPOなどの，社会に関与する問題意識が組織化された市民セクターが，情報化による情報源の多様化や，重層的な集団間の結びつきを利用して，メディアのメッセージをもチェックできるようになる一方で，世論集団としてさまざまな情報操作をチェックしていくことが期待される．逆に，それがなければ，19世紀アメリカのイエロージャーナリズムが社会水準や道徳の低下をもたらし，社会全体にとって真に利害のある事柄が糊塗され，人々の関心を虚構のリアリティが覆ってしまったように，高度情報化社会が，それに輪をかけた虚構のリアリティを増殖させていく危険性を内包している．

　もちろん，マスメディアだけでなく，インターネットも含め，さまざまなメディアを通して虚構のリアリティは伝達されていく可能性があり，21

図2 市民のメディアチェック・システム

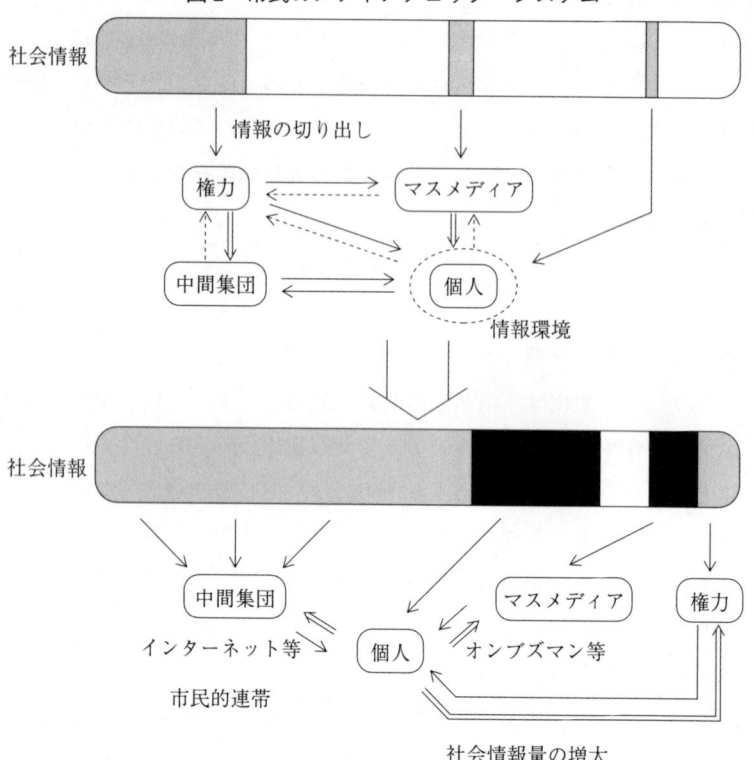

```
社会情報 [■■■■■■□□□□□■□□□■□□]
              ↓情報の切り出し      ↓
            ┌─────┐  ┌──────┐
            │ 権力 │⇄│マスメディア│
            └─────┘  └──────┘
              ⇅       ⇅    ↘
            ┌─────┐     ┌─────┐
            │中間集団│⇄   │ 個人 │
            └─────┘     └─────┘
                        情報環境
                    ⇓⇓⇓
社会情報 [■■■■■■□□□□□■■■□■■□]
         ↓    ↓      ↓        ↓  ↓
    ┌─────┐  ┌─────┐ ┌──────┐ ┌────┐
    │中間集団│  │ 個人 │ │マスメディア│ │権力│
    └─────┘  └─────┘ └──────┘ └────┘
   インターネット等   オンブズマン等
    市民的連帯
              社会情報量の増大
              個人→市民集団の上昇過程機能強化
```

世紀の,「権力」「メディア」「市民」それぞれが高度に情報化された政治システムの中でも,情報の氾濫による人権抑圧などは起こり得る.だからといって,権力がマスメディアなどに過度に介入することは,報道の自由の趣旨からしても,また,歴史の教訓からしてもあってはならないことである.そこに,高度情報化社会に備えて,個人や世論集団がメディアをチェックしていくシステムが必要となる.こういった,市民が権力やメディアをチェックしていくシステムを図示すると,図2のようになろう.

　こういった中で,市民がメディアをチェックするシステムの嚆矢は,恐らくスウェーデンであろう.スウェーデンは,早くから情報公開制度やオ

ンブズマン制度など，民主的な制度が整備されていたが，その中でも「プレス・オンブズマン制度」によって，マスメディアを市民の側からチェックしている．プレス・オンブズマンは，法律や行政からも独立したマスコミ諸団体の合意による「報道評議会憲章」に基づいて運営されており，報道倫理綱領に従っているか否かの監視や，市民からの苦情申し立ての調査，調査した結果導き出された意見・警告・勧告などの当事者への提示，話し合いが不調な場合の報道評議会への送付・裁定などを行っている（野山，1997）．

　こういった制度によって，情報の洪水の中で一つ一つの情報の吟味が難しくなり，結果としてさまざまな情報被害が生ずる状況を改善し，報道被害をその個人の問題としてではなく，社会全体の問題として受け入れる土壌が醸成されている．戦後，特にメディアのプライヴァタイゼーションが進行してきた中で，情報化の一層の進展は，その方向を逆流させ，小さな世論集団の中でのみ論じられていた議題を，大きな社会の中の議題として提示していく可能性もはぐくんできたのである．HIV訴訟を契機として起きた薬害問題に対する世論の高まりなど，人権の観点から人の痛みを自分の痛みとして感じられる素地は，社会の中に十分できあがっている．日本でも，「放送と人権等権利に関する委員会機構」が1997年5月に発足し，人権侵害報道に警鐘を鳴らし始めている．

　情報流通が，一方的な情報操作や偏見の助長などに結びつかず，従来閉鎖的だった集団の壁を突き崩し，地域の壁を突き崩し，さらには80年代後半の東西冷戦構造の終焉がそうだったように，国家やイデオロギーの壁をも突き崩して，より緩やかではあるが，ネットワークで緊密な社会関係をイメージできる社会を構成していく可能性は，決して少なくない．

　その意味では，個人がメディアを通して国家と直接結びついたり，閉鎖系としての集団内コミュニケーションで結びつくシステムから，より緩やかな，市民セクターの世論集団を賦活するシステムを志向していくことが，21世紀の高度情報化社会におけるマイナス面をプラスに転化していく方

策として求められるのではなかろうか．もちろん，既存の権力やメディアも，そうしたシステムを柔軟に取り入れていくことで，新しい政策決定，新しい情報提供のあり方を模索していくことができよう．また，そういった世論集団は，21世紀の超メディア時代に偶発的に創出されるものではなく，今まで社会関係を保ってきたさまざまな世論集団を，高度情報化をテコに，より強化していく方向も大いに考えられよう．

しかし，そこには，個人や集団の持つさまざまな利害関係を超えて，社会全体を多様な情報をもとに判断する新中間集団，新市民社会の青写真が描かれている必要がある．高度情報化をテコにそういった青写真を描く主役は，あくまで人間の自由な意思に基づくものでなければなるまい．そこには，「私」にともすれば関心を特化させていく先進国の大衆に対して，「公」の問題に眼を向けてもらうさまざまな装置を必要とする．インターネットをはじめとして，情報が日常生活の隅々にまで満たされ，さながら「情報エーテル空間」を形成しようとしているが，それが公的空間への積極的な関与に結びついていくか否かは，「市民」「メディア」「権力」の，新しいメディア社会への処し方の方向性自体が必ずしも定まっておらず，未だ流動的である．

しかし，「市民」「メディア」は，相乗的に，一つの大きな社会セクターに育っていく可能性を秘めている．メディアによって，より日常的に公的空間のディテールが映し出され，そこへの関与の仕方が，NPOなどの市民セクターや，メディアによりシステム化されたネットワークによって適切に示されれば，市民の主体的な意志によって，権力を監視するシステムがよりスムーズに運用されることになる．「プレスオンブズマン」や「放送と人権等権利に関する委員会機構」など，メディアを監視するパワー，さらに情報公開や市民参加型政策決定，それを支えるメディアの働きなどで，権力そのものを監視するパワーが育っていくことで，21世紀の超メディア時代に，理想的な「権力」「メディア」「市民」関係，さらに，「市民」自身がメディアや権力の担い手に循環していく社会が生まれるかもし

れない．こういった社会を構築していくためには，メディアや情報の発達に適応してネットワークを活性化させていく市民パワーが必要とされるし，同時にそれが21世紀のメディアと政治の関係を決する主役でなければならないのではなかろうか．

注：本章の歴史部分に関しては，拙著『メディアの進化と権力』の一部に加筆・修正を加えている．

参考文献

赤木昭夫，1996 『インターネット社会論』岩波書店
電通総研，1999 『情報メディア白書1999』電通
英司郎，1994 『コンピュータネットワークの政治学』オーム社
橋本正邦，1988 『アメリカの新聞』日本新聞協会
堀部政男編ジュリスト増刊『変革期のメディア』有斐閣，1997年
稲葉三千男，1989 『コミュニケーション発達史』創風社
自治省編，1998 『地方自治情報管理概要』
川上和久，1994 『情報操作のトリック』講談社現代新書
─────，1997 『メディアの進化と権力』NTT出版
─────，1999 『「報道モニター制度」が俟ちうける』『総合ジャーナリズム研究』第168号，29-35頁，総合ジャーナリズム研究所
公文俊平，1994 『情報文明論』NTT出版
毎日新聞社社会部，1992 『情報デモクラシー』毎日新聞社
Mcnair, B., 1995 *An Introduction to Political Communication*, Routledge, London
見田宗介・吉見俊哉他編，1996 『メディアと情報化の社会学』岩波書店
文部省「公立学校における情報教育の実態等に関する調査」
野山智章，1997 『マスコミ報道と人権—ヨーロッパ先進国と日本の間で』第三文明社
岡部一明，1996 『インターネット市民革命』御茶の水書房
奥津茂樹，1994 『情報公開法の研究』三一書房
大石裕，1998 『政治コミュニケーション』勁草書房
清水英夫，1984 『情報と権力』三省堂

竹内郁郎・児島和人・橋元良明編著，1998　『メディア・コミュニケーション論』北樹出版
内川芳美，1989　『マス・メディア法政策史研究』有斐閣

##〈コラム〉情報公開法

　情報公開法が制定されている国々は，まず1949年にスウェーデンで「出版の自由に関する法律」が新法として制定されたのを皮切りとして，それ以来1966年のアメリカにおける「情報自由法」など，十数カ国を数える．東アジアでは韓国が情報公開法を制定しているが，日本でも2000年4月から「情報公開法」が施行された．

　国レベルでの情報公開法に先立ち，地方自治体でも条例や要綱の形で情報公開が制度化されているが，その基本となっているのは，行政機関の保有する行政文書に対し，国民，もしくは住民一人一人がその開示を求めることができる「開示請求権制度」である．

　もっとも重要であり，線引きが難しいのは，請求された情報に対して，開示・不開示の基準をどのように適切な，納得できる形で定めるかということである．不開示情報には，「国の安全等に関する情報」「公共の安全等に関する情報」「個人に関する情報」「法人等に関する情報」「審議・検討等に関する情報」「行政機関の事務事業に関する情報」などの類型がある．不開示にする目安としては，開示することによって，国の安全や法人の正当な利益，プライバシーなどが害される場合があり，その場合には不開示にすることができるとしている．

　開示請求のためには，請求しようとする文書を特定するための必要事項を記入した上で提出しなければならないが，不開示決定がなされた場合には，不服審査会に不服申立手続をすることができる．

　こういった情報公開と並行して，各自治体では，個人情報を保護するために，個人情報保護条例・要綱を制定しているところも多い．情報公開法は，グレーゾーンもあり，運用しながら，適切な「着地点」を求めていかなければならない部分を抱えている．

　また，行政情報も，次々に電子化され，さまざまな行政手続きも電子化されることが予想されている．

　「電子政府」化した際の情報公開のあり方として，行政情報のデータベース内に入り込み，電子情報を盗み出すハッカーや，個人情報のセキュリティ対策も急がれており，情報化の進展と共に，情報公開と情報保護の双方の適切な判断が求められつつある．

9
ポストモダン社会は動員解除？
動員史観の提唱

畠山弘文

　混迷という言葉がこれほど乱発されると共に，いやますリアリティをもってわれわれの通常は心の奥深くに隠れた人間としての尊厳の感覚に突き刺さる時代もない．小論では，そうした社会の大きな変わり目を競争強化，規制緩和，デジタル能力の開発，パソコン的自己管理といった流行の期待される 21 世紀的な個人主義・能力主義的《徳目》（ヴィルトゥ）の明らかな社会統合的強化の含みによってではなく，近代全体の再解釈を通じて理解しようとする社会科学の試みである．それはこれまでの近代理解の作法やそれを受けての単調で息苦しい 21 世紀展望に対する大きな疑問から構成され，より根底的な近代のロジックのありかや性格について社会科学の旧来的常識とは異なる理解の糸口を提供しようとするものである．

1　真実のジャパナイズ？――寓話二題 1999

　その 1．日本の男子学生二人が世紀末のヨーロッパを旅行中の話である．ミラノからベネチアへむかう電車で，ヨーロッパ各国の人々とコンパートメントを共にすることになった．スイス人，イタリア人，フランス人．ゴンドラの話になって，イタリア人が昔はゴンドラは今のように混雑していたわけではなく，夕暮れ時に優雅に運河を流れていたものだった．そもそもゴンドラの船頭が唄をうたうのは気分のいいときで，乗ればいつでも機

械的にうたいだす観光化された船頭はいなかったと言う．車中の人々はそれぞれ思うところあってうなずいていたが，フランス人の一言からにぎやかな批評に移った．フランス人は，それはジャパナイズだね，といったのである．

フランス人のこの表現にはステロタイプな嫌味があるし，そう思いたい人には鋭い批評とやらも聞くことができる．学生たちは嫌な奴だと思ったらしいが，それより意外だったのは言葉の遣い方が違うだろ，ということだった．ジャパナイズじゃなくて，アメリカナイズじゃないの？　しかし，アメリカの他者たる日本人にアメリカナイズとみえるところが，アメリカのもう一人の他者たるヨーロッパ人にはジャパナイズとみえるということなのか（ちなみにジョージ・リッツァはこのアメリカナイズを《マクドナルド化》と呼ぶのだが）．

やはり／どうしたことか，残った二人のヨーロッパ人もジャパナイズという言い方に感心してウンウン言っている．勿論英語で．しかしそこには明らかに異なるニュアンスがあったと学生には思われた．スイス人のそれは，いいぞジャパナイズ，ワンダフル・ジャパナイゼーションというものだったらしい．規則的，効率的，規律，経済効果，その他好意的なニュアンスでのジャパナイズ．しかもこの話をしたイタリア人自身が，そうした意味でジャパナイズをとらえていたことはさらに意外であった．

日本の学生はといえば，フランス的ジャパナイズとスイス的ジャパナイズの狭間に引き裂かれて，返す言葉を考えあぐねていた．この学生は日本においてはまさにフランス的ジャパナイズの批判者だったが，近代の優等生日本に生きることの困難についてフランス人のいった無責任な批判にはそうおいそれとは承服してはならないと考えたからである．かりにこの学生を理念型《堀内》と呼んでおこう．

その2．世紀末2000年3月に卒業する大卒女子学生の就職率は悪い．ちなみに私のゼミでも一人が地方局のアナウンサーになるのをのぞくと，誰も就職しない．彼女らはすべて海外に旅立つ．台中伊英．不況だのリス

9　ポストモダン社会は動員解除？——189

トラだのといいながらバブル崩壊後も海外旅行は大学生には定着しており，3年生では，4年生のようには漢字で表現できない国もはいってくる．1999年夏の行き先をみてみると，私の知っている範囲でアメリカ3名，タイ2名，ドイツ，スペイン，メキシコ，ウルグアイ，韓国，イギリス，フランスなど，15名のゼミながらこうである．パラオやグアムはもう，うちの庭程度の近さでしかない．

　なぜ彼らが海外を好むかといえば誰でも思いつく日本的事情への反発がある．国内旅行の割高感，オヤジ臭い魅力のなさ，企業に入っての長期休暇制度の不備，単位数は多いが落とすことのない大学教育だけをここではあげておこう．しかしそれらと卒業後の海外脱出は違うように思われる．この文脈で最近，外国人と付き合いたい日本女性のための会員制サークルが結構あるらしいことに注意したい．あるところでは会費としてその他経費は別にして，年間一人あたり，年齢かける1万円を徴収するという．だから普通の女性なら20万以上の大金を支払うのである．業者の言い分が面白い．彼らは主に白人男性のプロフィールを多数用意して待っているのだが，2年3年と登録する《もてない女》はいらない，できるだけ1年目で決まってほしいと思っている．この強気な姿勢の背後には商売として繁盛しているということ，つまりこの種の紹介業務への需要が高いという事実があるはずである．そうでなければ，何年も登録してくださるもてない女性はお得意様に違いないからだ（ここでは，《もてない男》同様，もてない女の居場所も狭いということである）．われわれはこういう海の向こうへ思いをはせる女性を《藤原》という理念型で呼んでいる．

　モデル藤原は，河合隼雄がいうように伝統的に女の面が彫られる般若（はんにゃ）のごとき鋭い日本社会批判者である．ただの外人コンプレックスとは異なった位相が，モデル藤原的女性にはある．どう違うのか．たとえば日本に住む国際結婚のカップルが増えているという事実はどうだろう．昨1998年東京で生まれた子どもの6人か7人に1人が国際結婚の産物であったが，これは結婚相手が白人かアジア人かのデリケートな違いは

あっても，その国際結婚がたんなる国外逃亡でなく，精神的な日本離脱であることをうかがわせる．モデル藤原的志向がむかう位相の何たるかをそれは指し示している．

　以上は共に実話だが，厳密にどれほど真実なのかどうかの詮索はしない．ただ寓話としてこの二つの話が示唆するところを考えたいだけである．示唆するものはいろいろあるが，少なくとも，一体日本はどういう状態にあるのか，そこに生きるとはどういうことなのか，そこに生きる人々はどういう人間なのかといった，かなり根本的な問いを誘発していることは確かである．日本的という意味でのジャパナイゼーションは当事者以外にはどう見えているのか．女性は日本男性をどういう点で見離し，観念的にであれ現実的にであれ，海外脱出を試みようとするのか．それがなぜ男性でなく女性なのか．日本や日本の男性の何が問題なのか．気づいている日本男性はではどうすればよいのか．

　動員史観はこれに答えようとするひとつのアプローチである．それは，現代社会への問いかけであるとともに，問い方そのものへの自己省察を含んでいる．これは一般的にいえばボードレール以降の近代的問いのあり方そのものに関係しており，今日詩を書くことがどういう詩を書くかという以上に今詩作するということのもつ意味を考えざるを得ないのに似て，問いの形式への自省を含まぬ考察にはどこか一面性があるともいえるが，それはともかく，動員史観は20世紀を支配した現実の運動を理解しようとするばかりでなく，その支配的な考え方の作法も批判的の俎上にのせようとする．つまり21世紀へむけての新たな社会科学的視座の再構築も課題とするわけである．しかもそれを主に日本の現実を素材に考えようとする点で，これまでの日本文化論や日本特殊論的社会科学の発想には距離を置く．動員史観において日本は，意外なことに，二つの寓話が体現するような最良の近代的標本なのである．だから日本を近代のある論理の純正な展開とみることで日本や先進国をというだけでなく，返す刀で近代500年のあり方を問い直す試み——それが動員史観となる（寓話の示唆するものへ

の動員史観の解答は小論の最後に行う）．

2　19世紀型社会科学批判としての動員史観

　改めて，動員史観がねらうのは，社会科学批判をかねた近代社会についての批判的検討である．つまり社会科学という学問の自己反省を通してその最適生息場である近代社会のもつ性格や偏向を明らかにするということ．近代社会科学批判と近代社会批判を順に説明して動員史観への入門としたい．動員史観については1冊別に用意しているので立ち入った議論は省略し，ここでは素描によって動員史観の全体像をコンパクトにとらえてみたい．

　動員史観は，まず第一に，社会科学批判である．つまり《19世紀型社会科学》を乗り越えようとする．ここで19世紀型社会科学という耳慣れない言葉が出てきた．19世紀型社会科学とは，今普通に大学に制度化された社会科学というもののあり方を，そのもつ歴史的な規定性において眺めるときに生じる術語である．社会科学はあたかも純粋な真理探求の，それ以外にとりようのない決定的な制度だとわれわれは知らず知らずに思い込まされているが，それが歴史のなかで誕生し成長してきた過程で目に見えないさまざまな偏向を受けてきたのではないか，という思いがけない疑問や視点を表明する問いかけなのである．世界的なところでは歴史社会科学の提唱者ウォーラーステインの《19世紀パラダイム（の限界）》という言い方も同様の問題関心に発するものであるだろう．

　19世紀型社会科学自身は実は20世紀になって完成するから20世紀社会科学といってもいいが，その発想の様式が19世紀の現実を色濃くもつという意味で19世紀的と名づけるべきものである．すなわち19世紀型社会科学とは，超省力的な言い方をすれば，19世紀イギリスの矜持と経験と利益を反映するもので，経済（学）中心的な近代理解を中核とするものの見方である．この単純化が過剰な断言であることを承知の上で，次のよ

うに考えてみたい．この時代に自由貿易体制と立憲体制という経済と政治の二つのリベラルな仕組みを引っさげて，文字通り世界を席巻したイギリス．この世界の覇者・モデル国家イギリスの置かれた状況が全体として社会科学に独特の経済学的バイアスをつくり出していたとしたらどうしようかと．少なくとも，18世紀啓蒙主義の企図の制度化として幼年期の社会科学が確立していく段階で，それがまったく影響を与えなかったとは思われない．事実そのバイアスは現在きわめて明瞭にうかがえるように思われる．それらを標語的に整理すれば，《一国史的な社会中心アプローチ》，および《社会経済史的アプローチ》の優位といってよいかもしれない（いずれも経済＝資本主義中心的な近代理解である）．

今この二点のバイアスを掘り下げて説明はしない．またそうしたアプローチが有効でないとはいわない．ただその一面的強調のために，より均衡のとれた近代理解の道が閉ざされがちとなる，ということだけに注意していただければよい．つまり経済係数を主眼とする視点である19世紀型社会科学には，欠落するものが出てくるということであり，前者の社会中心的アプローチとの関連では国際関係と国家，後者の社会経済史的アプローチとの関連では軍事史的要因がそれになる．極端な言い方をすれば19世紀型社会科学は国際関係は国際政治学や国際関係論に，国家は憲法や歴史学に，軍事は多くは実用的な軍事専門家や空想的なオタクに，いわば社会理論的含意追求の意欲に乏しい周辺分野へと追いやり，基本となる主要な分科科学（政治学，経済学，社会学など）からは排除する，という特徴をもつ思考の制度なのである．

動員史観は，また第二に，近代社会批判であった．ただしそこに入る前に，この点が改めて第一の点と密接に関連している点をもう一度確認しておこう．動員史観には近代社会のある特徴は19世紀型社会科学の考える近代社会観によって逆に消されがちとなり，そのため近代社会批判としての十全な役割を従来の社会科学はもちにくかった，という反省がある．これが近代社会批判と近代社会科学批判をわかちがたいものにする．つまり

自由主義やマルクス主義など主要な19世紀型社会理論は近代社会の本質的なメカニズムを冷厳にとらえる距離の感覚（客観科学）を保留できたというよりは，それをある程度は実現できたとしても，大きな近代のメカニズムのなかでその共犯的な要素をも同様に濃厚にもっており，近代のメカニズムを浮かび上がらせるよりはそのなかで内在的に機能する重要な知的装置（フーコーのいう《権力／知》）でもあったのではないか，というのが動員史観の考えるところなのである．

3 近代社会批判としての動員史観

動員史観の近代社会批判は，したがって，19世紀型社会科学の閑却したさきほどあげたような二つの側面，国家と国際関係，および軍事（史）的要因への適切な注視からはじまる．ここでこの二つの要因の結節点に何があるというと，それは誰でもわかるように戦争である．いいかえると戦争が19世紀型社会科学とその近代社会観から典型的に排除されたものなのである．戦争論は勿論山ほどある．しかしそのもつ社会理論的含意を十分開発したような探究は思ったほどない．少なくとも近代という歴史形成との関連でそのもつ意義をひとつの理論体系にまとめ上げるようとする試みは，圧倒的に少数派であった．戦争の理論的抑圧こそ19世紀型社会科学のファミリー・シークレットであった．

改めて戦争と近代社会との関連を理論的に表現すれば，近代社会は戦争の可能性を常にはらんだ国際関係の産物として構成されたという一面が浮上してくるだろう．近代的国際関係は，潜在的・顕在的な戦争可能性とそのための常態的な戦争準備を本質とする．その神経的な圧力は，それなりに躍動的な伝統社会にさまざまな合理化を強いる．近代社会とは，この近代的合理化志向によって特徴づけられる社会である．いいかえると近代的合理化とは，ありうべき戦争勝利のための絶えざる合理化なのである．この点が従来ほとんど体系的には強調されていない．合理化の他の多くの根

拠や目的は実はこの戦争動員へと回収されてきたというのが，近代の基本的動向なのである（《総動員体制論》はその一例）．

　戦争合理化を内面化した近代社会は両面に引き裂かれている．つねに国際的な関係に開かれることを強制される当初からのグローバル化の面と，国際関係において生き残るのに必要な内的一体性の強化である．グローバル化の面では他国との同質的競争を強いられ，《類似（同質化）の原則》が働く．他国が軍拡や帝国主義，逆に軍縮や環境問題に邁進しているときに完全にこれに超越的な姿勢はとれない．これが類似の原則である．しかしナショナルな面では，《にもかかわらず》他国との違いを強調しなければならない．競争単位として資格と動因と根拠がそのことによって得られる．これを《差異（異質化）の原則》と呼ぶと，差異の原則は類似の原則のもうひとつの面だといってもよいほど，近代国際関係のディレンマ状況の影響を受けている．類似と差異の二つ原則の実現へと近代社会は引き裂かれる．これは近代社会の究極のディレンマであり，これから逃れるすべはない．精神分析の言葉を借りてこれを《山嵐のディレンマ》ということもできる．孤立は許されないが，近づきすぎると傷を負う．

　さきに示したモデル堀内がとっさに反応しにくいのは，称賛されたスイス的ジャパナイズのなかに，否定的なフランス的ジャパナイズの根本因が含まれているという認識があることによる．どちらも真実だとすれば，フランス的ジャパナイズを避けるスイス的ジャパナイズの可能性がありうるのか．モデル堀内には，ジャパナイズという現象は近代のロジックが最小限の障害による最低限の抵抗によってなった極端な例なのではないかという思いがある．アメリカナイズの方がまだしも近代の全面展開を抑制しうるのではという苦い敗北観すら伴いながら，ジャパナイズ的近代の来し方行き方を考える理念型堀内．

　要約しよう．近代社会の合理化は，潜在的・顕在的に攻撃的な国際関係に対する反作用として形成された側面が大きい．この種の，至上権力をもつ強固な政治体による暴力がらみの，体系的で国際的な秩序関係という意

味での近代国際関係は，近代ヨーロッパ的に特殊な現象であって，近代的主体の形成も，そうした反作用の手段的・二次的な産物であるか，少なくともそれに回収されていったのではないかという疑問をここでは否定できない．近代社会を構成するさまざまなレベルの組織やさまざまな構成員も，また当然にその固有の特徴にあわせた合理化の対象となる．近代社会はしたがって国家レベルでの合理化とは別に，それ以下のレベルでも合理化志向的な近代組織と近代人からなるものとして成熟する（市場は合理化競争の一例である）．この意味で，「現実的なものは合理的であり，合理的なものは現実的である」という指摘は近代の端的な性格である．

近代社会のこの合理化競争的特徴は，啓蒙主義の輝かしい近代へと導くというよりは，全体社会・国家レベルでそうした傾向が全面的に生じ定着していくより大きな根本的な動因としての戦争の継続的伏在を示唆するように思われる．戦争は合理化競争の極限である．競争を遠く近くに控えての，絶えざる心の不安や動揺が近代国家，近代社会，近代人の本質的構成要素となる．だから以上を踏まえていえば，近代国家は究極の戦争国家なのであり，この点の理論解剖なしの近代論にはどうしても限界がある．

4　社会理論としての動員史観

さて動員史観は生きた理論であり，発展途上の営為である．個条書きでその社会理論としての特徴を整理してみたい．

動員史観は，戦争の社会理論である

戦争とは主権国家間の暴力的闘争可能性のことをいう．したがって近代国家，近代戦争が前提になっている．戦争の，という表現は誤解を招くかもしれないが，戦争についての狭い解剖でなく，戦争が歴史形成においてどういうインパクトをもったかを，その直接の担い手となっていく国家に焦点をあてて解明するという意味である．もともと戦争自身はヨーロッパ

では無数の領主権力によって行われえたし行われたが，闘争手段，とくに武器と防衛の高度化に伴って戦争コストが上昇しその主体的条件が限られていく結果（いわゆる軍事革命），多く王権を結晶核とする，比較的広域を支配する集権的な政治単位へと選抜が進み，それらが戦争の主体となっていく．いいかえると戦争主体能力の確保が近代の主体となるべきものの最大の前提条件であり，近代はそうした戦争行使能力をいかに形成していくかという課題を乗り越えたものによって構成される．事実，選挙王政国家ポーランドは大貴族の力が最後まで残る結果として18世紀末には近代史から段階的に姿を消す．戦争勝利へむけての適切な権力的再編がうまく進んだ地域とそうでない地域の近代史への参入の仕方の差は大きい．

戦争のもつ意味については戦争合理化として既に整理した．そのための補給，訓練，戦術，組織などの合理化が行われる．その場合，個々の戦闘において勝利することが総力戦以前の段階では重要なことではあったが，それと並んで，直接戦争と関係しないような領域での合理化もまた決定的に重要であった．戦争問題とは多く，国家にとって，戦争を継続的に展開するための財源の問題だったからである．とすれば国家の戦争開始以前において，効率的な徴税システムの整備，また国家官僚制そのもの確立などが必要となるが，徴税の実をあげるためには一国内において活発な生産活動が前提となる．つまり社会的な富の生産システムができあがり，順調に運営されていなくてはならない．かくて国家は軍事技術全般や官僚制に加えて，工業生産の増進，農業供給の安定，鉱物資源の開発，そして国家構成員の士気の培養と維持など自然と社会，集団と個人の双方においてさまざまな合理化を遂行していく複雑な使命を負うことがわかる．戦争のもつインパクトとはこのような諸事万端にわたる，戦争勝利のための，合理化にあった．

動員史観は，国家の社会理論である

国家とは再度，近代国家である．それは立憲国家か専制国家かという伝

統的な憲法学的・制度論的区別でなく，歴史社会学の近年の成果にしたがってジョン・A・ホールらの《有機体国家》としての近代国家でなくてはならない．動員史観は有機体国家の作用の社会理論なのである．有機体国家とは，今述べたような諸事万端に及ぶ合理化をその対象の特殊事情にあわせて慎重に行うことのできる能力，あるいは社会浸透力をもつ国家のことである．すなわち動員史観において近代国家は有機体国家であって，主権国家論の想定する強大な権力主体としてだけ観念された国家とは異なる．この点は，主権国家が一律普遍の法的強制主体であるのに対し，有機体国家は対象のあり方に応じて柔軟に戦略を変える行政国家であるという対比でとらえていただきたい．

　行政国家というのは福祉国家に対する意味でのそれではなく，フーコーが《統治の技法論》という文脈で指摘した《ポリース国家》のことである．構成員たる人間に対し個々にかつ全体的に配慮しようとする，ヨーロッパ近代のみに生まれ生息できた国家のことである．行政という用語が消極的用語であり，立法，司法以外のあらゆる領域を含むように，有機体国家の及ぶ範囲も広範である．

　国家の社会理論ということの意味はしたがって，国家が歴史形成においてどういう形で国家自身と多様な社会的諸領域と自然の環境と資源，そしてさまざまな階層の諸個人を合理化していったのかという問題を，社会理論の根幹に置くということである．

動員史観は，動員の社会理論である

　動員史観は動員の力に関する理論である．力は多方面からやってくる．多方向的な動員の力は基本的には動員の三層構造として整理するとわかりやすい．これが動員史観の三層構造である．すなわち，①大状況（競争），②動員組織（近代組織），③構成員の三層が縦の構造をなしている．この間のおのおのの連結力が動員である．大状況としての競争が苛烈化すればこれをのりきる組織的要請も強化され，動員組織としての合理化が進む．

それは次に構成員に対する動員強化を招く．こうして一連の動員合理化が歴史のなかで不可逆的に進んで，《総動員体制》という1914年以降の20世紀的現象にいたる．しかし戦争国家としての近代国家のあり方を考えると，誕生以来一貫してそこに戦争動員力が働いてはいたが，それが全面的に追求される他の条件（動員技術や組織，競争程度など）が欠けていたのだということも可能であり，その意味でこの長い期間の動員のあり方を《初期動員》と呼ぶこともできる．

また，動員の三層構造はいくつもの下位グループから成り立つ．《立身出世－近代家庭－核家族》，《大学－進学校－受験生》，《市場競争－企業－サラリーマン》の家庭，教育，経済の三領域を並べただけでもう人生の大半はこの順にフォローされていることがわかる．各領域でこうした動員体制が成立しているところに近代の特徴があるが，動員史観ではもっとも基本的な動員体制を想定することができる．それが《戦争国家論》の文脈であり，《戦争－国家－国民》という構造である．これを《原基的動員体制》と呼び，他のタイプのそれを《派生的動員体制》ということができる．これはロジカルな理論的整理であり，歴史上の前後関係を問わない．ともあれ動員の三層構造の，より精緻な合理化こそが総動員体制下ではじめて実現され，世界戦争の終了後にもその型はただの記憶をこえて現実に生き残り（冷戦はその一例），さまざまな組織や組織構成員に要求される奉仕や生活スタイルのなかに定着した．単身赴任はその例，過労死はその悲劇的で自然な帰結なのである．

動員史観は，《よい子》の社会理論である

では，なぜ人々はこの体制の外に出られないのだろうか．社会全体が動員体制化され，それ以外の組織の可能性が乏しいからか．今の日本をみるかぎりそれは確かにそうであるが，しかし完全にシステム化された体制というのは理論上の仮定にすぎず，おそらくウソである．それほど動員体制のしばりをきつく考えるのは，事態を過剰に悲劇仕立てにするものでしか

ない．いたるところに動員体制をくぐり抜けうる穴はあいているようにみえる．ちょっとした《哄笑》（ニーチェ的ラッヒェン）は最良の異化の技法である．笑うこと，笑い飛ばすことの意義を今日の社会で軽くみてはいけない．

ここで解答はこうである．現代日本の社会は隅々まで動員の行き届いた国としてそこに生きることをよい子という類型以外では考えにくくしている，というものである．ちなみに《よい子》というのは動員史観の専門用語である．詳細は別にして，各組織の動員へと従順に自己形成した人間をよい子というが，これはウェーバーやニーチェの考える精神の硬直化や官僚制化，人間としての衰退などとして既に指摘されてきた傾向でもある．これをもっと大衆化してしかも社会の主役として抜擢し，しかもその生き方が明るいとみなすように教えられた社会がいってみれば典型的な動員社会としての日本社会である．これを《1億総よい子化社会》ということもある．動員史観はその解剖を志すものなのである．

ちなみによい子の極限例がオタクであり，動員史観的オタクは動員内面化の結果として動員的しばりの存在そのものを自覚できない人間である（極限的な定義にすぎないから，その場合でさえ気づきへの潜在力を全面否定することはできないが）．オタク以前においても動員社会では過剰よい子としての《過動員》に陥ることもあり，その可能性は高い．過労自殺に追いこまれる人間をそうした例として指摘できる．だから動員への再回収や落し穴を避ける方途をいかに考えるかも動員史観の課題となる．

5 美学的跳躍？——モデル藤原とモデル堀内の解答

以上を踏まえて寓話に戻ろう．動員史観の解答をモデルのお二人に答えてもらおう．モデル藤原が提起したのは，日本男性への不信の表明だった．すなわちフランス人が皮肉に別の二人は好意的に言及したジャパナイズされた日本男性のモデル人生に対する異議申し立て．彼女らの海外逃亡は，

現代日本の仕事社会，およびその主たる構成員たる男性への，いいかえると要は日本が例示し極限化した近代社会の動員の論理への根本的疑義を表明している．

　改めて日本の男性は，学校化社会の階梯をのぼってきたよい子として人格形成している．よい子たちは，現在では学校と同様の管理システムを共有する企業においてもよい子として生きていく．フリーターでも企業人でも求められる特性はよく似ている，といったのは鶴見済であった．であればよい子自体を客観視しろといってもむずかしくなるのは当然である．比較すべき別のモデル人生がみえないからである．よい子以外の存在が困難だということが日本において《出口なし》状況をつくる．

　だからといって，よい子性の何たるかに自覚のない成功者よい子との恋愛や結婚を思うときモデル藤原は鬱陶しくなる．しかしでは，なぜ藤原はそう感じ，憂鬱たりえる特権的な感受性をもちえたのか．いうまでもなく，藤原は動員社会の二級市民だからだ．女性はその劣位から逆に日本男性への鋭い批判者たりえるのである．雑誌アエラのいう《女体育会系》，かつてのオヤジギャルといった言葉が登場してきたのは，女性の企業社会への進出と軌を一にしていた．つまりオヤジだのよい子だのといった日本的モデル人生は，男性の特性に起因するものではなく，日本企業社会で生きるときに要求される組織的人格なのである．改めて，男はオヤジに生まれるのではない，オヤジになるのだ．女性の疎外は傍観者の優越的視線を獲得させたのである．

　一部女性はかくて別の国の別の人々にはあるかもしれない別の生活，そのオルタナティブを求める．しかし彼女が日本が嫌いといってもあくまで，外人・外国コンプレックスからではない．藤原には別様の人生設計ができれば，あるいはそのパートナーがただのよい子でなければ，日本にいてもいいのである．東京が嫌なのではない．東京で行われている人生に嫌気がさしているのだ．ほんの少しだけ大見得をきっていえば，そこにはそれなりの跳躍というものがあり，自分の考える人間らしい生き方を求める心の

底からの希求がある．藤原はありうべき人生へむけて今各所で行われている模索の一例なのである．

ではモデル堀内はどうしたらよいだろうか．堀内も単純に海外脱出すべきなのか．藤原同様，堀内も明らかに日本近代の根本的な問題に気づいている．それは，動員のための体系的な落し穴からなるまさにサルトル的状況だということに．日本の息苦しさを構成するのは動員から落ちこぼれてももうひとつの動員体制にしか回収されないという事実である．モデル堀内はもう一人の学生モデル徳田とともに，この例としてパチンコ屋をあげる．堀内＝徳田にいわせればそれは《駅前サナトリウム》である．動員体制からの息抜きであったり逃走であったりしてパチンコ店に行ってもかかっているのは軍艦マーチ（日に何回かけるかも厳密に決まっているという）．騒音と煙に満ちた動員空間でしかないもうひとつの動員空間でしか憩えない者たち．つまりは心の傾斜をさらに前傾にするようなさまざまな装置のなかで憩う動員回避者たちというパラドクス．

憩いや癒しを求める人々のより日常的でないもうひとつの類型として近年問題になるのは，自己啓発セミナー系の救済カルトである．自己啓発セミナーの由来は多様だろうが，社会との違和感を抱えた若者をひきつけるという点で実は一時代前の学生運動に似たものがある．かつて社会との違和感を，社会の側に問題があるといったいわゆる反社会的な若者．彼らは世界の改革をめざした．しかし十数年前から問題なのは自分だとして自己改造にむかう人間が出てきた．このベクトルの反転が自己啓発セミナー興隆を生む．それがまさに反社会的でしかない結果を招く例がオウムやライフ・スペースである．一方，多種多様なオタクが跋扈する．ボランティア・オタク，パソコン・オタク，風俗オタク，コミケ・オタクなどあらゆる事象ごとオタクが存在する．オタクやカルトに共通するのは，根本的な現実からは目をそらそうとする選択的な視線である．動員社会のスムーズな機能は助けるにせよ，抵抗だの改革だのずらしといったアイロニカルな《距離のパトス》（ニーチェ＝ウェーバー）の感覚は彼らにはない．

カルトやオタクは特殊な例だとおっしゃる方には，それら以前において，動員体制に回収された大多数の《一般的》な人々というのがあり，それが改めて動員史観においてはよい子と呼ばれるわけである．カルト，オタク，よい子は動員体制にそれなりの場を得て一定の不満はあっても憩う人々である．なるほど，たとえばNHKのど自慢や欽ちゃんの仮装大賞などに出てくるいわゆる《一般の人々》的努力や前向きさを演じる素人出演者たち．よい子は今日の社会において建設的で明るい人々である．ちょうどアメリカン・ホームダイレクトのコマーシャルに出てくる異様ににこやかな（日系風）日本人のように．

　さて，そのような《よい子》な人々であることの枠に閉じこもることの利益は十分に認識しつつ（意識してよい子を演じる生き方を動員史観では《戦略的よい子》と呼ぶ），それでは美しくない，自分にはできない，とつぶやくのがモデル堀内である．いいかえると，女の子モデル藤原的な選択肢以外をめざそうとするモデル堀内には今のところ集団的な展望はなく，彼の生は非常に内密な演技としての《美しく生きる》というあり方をかろうじてとるしかない，という決意によって支えられている．しかしそれが消極的だの，社会性がないだのといったありきたりの呑気な有識者的批判には真っ向から対決する個人的な用意はある．まさにそうした美学的決意がなかったところにこそ戦後日本の真の空白があったからだ．戦後日本とは美的空白なのである．そう堀内は考える．

　モデル堀内という男の子の戦略はだからきわめて錯綜する．最初に集団化しようとすることの堕落を彼はよく知る．したがって従来の社会科学の集合的用語系からははみ出すような，ここではまさに真の跳躍と呼ぶにふさわしい美意識やプライドをかけた個人的な挑戦でしかないような試みとして，この段階のモデル堀内の戦略は描かれる．森毅が数学教育の集会で新しいアイデアを出したとき共感した教師が「それはいい．うちの学校あげてとりくみましょう」といったのに対して，彼の思ったことが「新しいことぐらい，自分ひとりで始めろよ」だったように．

6　中国をジャパナイズさせないために——おわりに

　中国に関心をもつ学生が増えているが，似たような性格傾向があると感じることが少なくない．真面目だし，美人も多いが，どこか古臭い．ちょうど私が20年前に，20年前のフォークダンス部員のようだ，といっていたようなタイプ．だから今からは40年前になる．実際に40年前のフォークダンス部がどういうものだったかなんて誰も知らないが，そう言えば誰でも何となくフーンとわかったような顔をしてくれる，そんなタイプの学生たちである．ボランティア意欲も高く，誰にも親切，出席も勤勉，いわゆるよい子である．
　しかし私は彼らが危ないと思う．少なくとも彼らでは，この純正近代のゆがみを過分にもつ日本社会でその問題点をとらえ，距離を置いて社会や自分のさまざまな現実を把握するだけの能力に欠けるという思いがある．中国への想いの多くはロマンチックな幻想にすぎない．彼らは超近代社会日本との意識的な対決を避け，遅れているだけに牧歌的なアジアの国々への，もう日本にはない郷愁を求めているということはないだろうか．だから彼らが真剣に中国の近代化や開発を論じるときには，逆に，知らず知らずのうちに日本近代化をコピーさせるような超効率的なやり方を無批判に適用するおそれがある，といいたいのである．
　勿論どう考えようとそれは個人の自由だから，それはそれでいい．ただ，そうした人間も最終的に日本社会に回収されてくる段階で，モデル藤原が厭うような類型へと陥る危険は小さくないという点がどうしても気にかかる．彼らがカルトへの盲信，オタクへの逃避，そして企業人的頑張る主義の類型的サラリーマンへの屈服など，既成社会の用意した体制統合的落し穴に難なく陥り，そのことにすら気づかない，そうしたセンスすら欠如しているということも少なくないのではないか．それが幸せへの道であったとか，あるはずだという近代の夢はもう終わっただろう．近代的なのりき

り方ではわれわれの抱える困難は解消しないし，悪化するだけである．しかしそうした困難は今始まったわけではなく，近代そのもののなかに包含されていたもともとの傾向であったといわなくてはならない．

　以上を要するに今日本の現実に違和感を覚えるとしても，われわれのとることのできる最初の立場はもっとデリケートであらざるを得ず，明確には定式化しがたく，ましてや人に説いてまわれるような汎用性や大衆性をもつことは期待できない，そういうものとなる．少なくとも現時点では，そうした密やかな個人的な突破を各自行うところから始めざるを得ない．そうすると，来る世紀の批判的社会科学は一部，計量化と一般性と大衆化をモットーとした19世紀型《客観》科学とは異なって，あくまで少数者の美学的実践としての性格をもつことになるのではなかろうか．社会科学そのものの性格の大きな変更？　それは，その種の試みがあまりに少なかったが故に日本ガムシャラ近代の純正化は進んだ，という反省を改めて踏まえていえば，決してありえぬ想定ではない．

　さてモデル藤原，堀内というのは現代中国には見出せない類型である．しかし彼らの企図や教訓を伝えることが，続く中国のためになしうる最大の貢献に違いない．中国とは隠喩である．日本類似のもうひとつの純正近代をつくらないために，また日本自身の変化のために，21世紀型社会科学としての動員史観が登場する所以である．

＊論文には註をつけないという原則なのですべて省くが，例外として森毅からの引用は森著『自由を生きる』（東京新聞出版局，1999年）158頁による．またモデル藤原とほぼ同様のタイプの人間類型を本稿脱稿後，雑誌『アエラ』（1999/12/20号）は《恋愛亡命——ニッポンの男をすてる女たち》と呼ぶことになった．着眼点は社会的にかなり収斂しつつあるということである．

　参考文献
　　動員史観は生きられる理論であるから，問題は文献のなかにあるのではなく，日々自分たちが築こう（気づこう）とするローカルな場のなかで実践されなく

てはならない．とはいっても動員史観的感性がどういうものかに輪郭的に触れるためにも，ポストモダン社会のコラムとの関連も含めて，次をあげておきたい．

ロニー・ブローマン，エイアル・シヴァン（高橋・堀訳），2000 『不服従を讃えて―「スペシャリスト」アイヒマンと現代』産業図書
E. フロム，1951 日高六郎訳『自由からの逃走』東京創元社
J. A. ホール，G. J. アイケンベリー，1996 星野・斎藤訳『国家』昭和堂
畠山弘文，1996 「見えざる手としての国家」『法学研究』（明治学院論叢）61号
―――，1997 「動員史観へのご招待」『マスコミ市民』7〜11号
―――，1999 「絶対主義から援助交際まで―戦争という近代」『木野評論―特集・魅惑の戦争』30号
中山元，1996 『フーコー入門』ちくま新書
小野谷敦，1999 『もてない男―恋愛論を超えて』ちくま新書
ジョージ・リッツァ，1999 正岡寛司監訳『マクドナルド化する社会』早稲田大学出版部
竹内洋，1999 『学歴貴族の栄光と挫折―日本の近代12』中央公論新社
田中明彦，1996 『新しい「中世」―21世紀の世界システム』日本経済新聞社
鶴見済，1998 『檻のなかのダンス』太田出版
I. ウォーラーステイン，1993 本多・高橋訳『脱＝社会科学―19世紀パラダイムの限界』藤原書店
山口昌男，2000 『敗者学のすすめ』平凡社
山之内靖，1996 『システム社会の現代的位相』岩波書店
―――，1997 『マックス・ヴェーバー入門』岩波書店
―――，1999 『日本の社会科学とヴェーバー体験』筑摩書房

〈コラム〉ポストモダン社会の人間像

　90年代の日本の場合，ポストモダン社会への見通しとしては，当初は人間像の提出として，つまり一定の社会学者たちが近代の根底をなした性規範や家族観の変容との関連（性的人間の回復・評価）で広まったが，それ以上に出るものはあまりない．むしろ近代的人間の縮図ともいえる《体育会系》人間への反発を示すスポーツ選手の名前が一般にはそれを代行していたろう．サッカーの中田，水泳の千葉すず，野球の野茂など．彼らへの共感は近代批判以外のなにものでもない．《ひきこもり》現象も部分的には近代的人間や社会への拒絶でもあるわけで，近代的なものに対する骨がらみの拒否感は蔓延している．

　ちなみに近代的人間類型として動員史観は《よい子》というのを用意したが，評判の映画『スペシャリスト』の主人公アイヒマンこそ，近代人よい子の典型である．ナチスの官僚機構のただなかで，エーリッヒ・フロムがアメリカン・デモクラシーにおける『自由からの逃走』（1942年！）のメカニズムだとした《強制的画一化》と同質の絶えざる微笑を守り，そして勤勉や秩序の陰に隠れた親衛隊将校アイヒマン．丸山真男がかつて《権限への逃避》として官僚的ウルトラナショナリズムを告発したのと同じ現象がそこにもあり，それは戦後，大衆受験社会の到来によって竹内洋が《受験社会II》と名づけたタイプの社会的人格としてむしろ今日のほうが一般化している．サラリーマン，オヤジ，過労死青年，一般的には組織人間はいずれもよい子の例というしかない．

　だから今日よい子でしかありえないにもかかわらず，それがどうしようもなく嫌だという自己否定の契機が自己確認の際に働き，明敏であればあるほど，社会への積極的関与を躊躇するという傾向がみられるということにもなる．プロテスタンティズムの絶えざる勤勉の倫理は山口昌男のいう，明治以来の薩長的な出世主義的メンタリティによって代替されたが，《どうしようもなくよい子》をどう超えるか，そのための社会経済政治の構造変容と支援はどう可能かは，今後の一つの中心的課題でなければならない．一方，社会全体レベルでポストモダン社会を描こうとしたものを探すと，第三の波，情報社会やネットワーク社会などはいぜん内容規定としては乏しい．ごく例外的に山之内靖の《システム社会》論，田中明彦の《新しい「中世」》論などがあるにすぎない．

あとがき

　21世紀において，戦後日本にもたらされた民主主義的システムが，世界的な潮流からいっても，急に瓦解するという事態は想像しにくい．21世紀の，少なくとも前半は，民主主義的システムの枠内で，さまざまな制度の改変が試みられていくことになるだろう．

　本書は，政治学の立場から書かれたものであるので，たとえば憲法改正などの法律部門のシステム改変や，財政構造改革などの，経済部門のシステム改変など，周辺的分野もすべて包含するような形でのシステムの改変について筆を広げていくには至らなかったが，政治学の幅広い領域から，民主主義の基本である，社会の方向についてのさまざまな議論が活性化し，こういったシステムを変えていくマグマのようなエネルギーが沸き上がり始めることを感じ取っていただけるのではないかと思っている．

　N. マキャベリの「君主論」は，いわば国家学としての政治学の古典であるが，そこにおいてさえ，マキャベリは，市民自らの自立的意識に基づいた行動原理を示唆している．20世紀において，紆余曲折を経ながらも，発展し，根づいてきた民主主義システムを，名実共に有効に機能させようとする市民の自立的意思が沸き上がってきたとき，行政システム改革，国際関係の変化，アクターとしての市民のパワーのシステム化，それらのどれをとっても，21世紀にふさわしい，具体的な形を現してくるものと信じている．

　なお，本書編纂の時期に，ちょうど政治学科主任を務めていた関係上，たまたま川上が編者代表となり，編纂を担当した丸山，平野を加えて3名が編者ということになったが，これは明治学院大学法学部政治学科のスタ

ッフ全員が一丸となって編み上げた，21世紀へのメッセージであることを，つけ加えておきたい．

最後に，本書の刊行にあたって，ひとかたならぬお世話をいただいた，日本経済評論社の奥田のぞみ氏に，心より御礼申し上げたい．

2000年6月

編者代表　川上和久

● 索　引 ●

APEC　10, 131
EU　10, 112, 117, 131
frying geese model　11
GATT　9, 124
IMF　11, 124
IT革命　165
JETプログラム　142
NGO　2, 19, 24, 93, 98, 133-6, 140
NPO　2, 19, 24, 59, 65-9, 71, 74, 93-4, 181, 184
ODA　98, 100, 110-1
WTO　9, 118, 124
YKK　14

ア　行

アウトソーシング　45
アカウンタビリティ　41, 45-6, 175
アジア太平洋経済協力→APEC
アジア通貨基金（AMF）　11
アセアン・テン　119
アセアン・プラス・スリー　119
アセアン地域フォーラム（ARF）　112
アムネスティ・インターナショナル　136
アメリカ・ファースト（米国第一主義）　103
アメリカナイズ　189
アメリカン・システム　7, 28
安全保障のジレンマ　111
イエロージャーナリズム　181
イザベラ女王　126
イスラム原理主義　132
1億総よい子化社会　200
一国史的な社会中心アプローチ　193
一国平和主義　98

イブン・バットゥータ　126
イングルハート, R.　156
インターナショナル・ミニマム　27
インターネット　134, 181, 184
インド・パキスタンの核実験（1999）　113
上からの政治革命　16
ウォルツ, K.　117
宇宙船「地球号」　128
美しく生きる　203
駅前サナトリウム　202
欧州連合→EU
大きな政府　154
大蔵省改革　12
大嶽秀夫　146-7, 163
沖縄　109
沖縄の少女暴行事件（1995.9）　104
小沢構想　35, 37
小渕政権　12, 15, 18
オヤジ　201
オヤジギャル　201
女体育会系　201
オンブズマン　182-3

カ　行

外形標準課税　96
介護保険法　69, 74
核戦争防止医師の会　136
割拠制　33
活字メディア　168-70
ガット→GATT
過動員　200
蒲島郁夫　163
韓国　118
官尊民卑　33
官治・集権型　24

カント, I.　118
官僚法学　21
機関委任事務　39, 44, 82
機関対立主義　94
企業一家主義　9
記者クラブ制度　174-5
キシンジャー, H. A.　117
規制緩和　3, 12, 14, 16-7, 20, 28, 55-6, 58
北大西洋条約機構（NATO）　112
「キャッチアップ型」国民経済発展　4
救貧法　56
共済組合　57
行政改革　2, 3, 15-6, 28
行政改革会議　32, 34, 80
行政改革推進本部　82
行政指導　38
行政手続法　48
行政評価　17, 90
競争　54
協調的安全保障機構　119
距離のパトス　202
ギルピン, R.　9
近代社会科学批判　193
近代社会批判　193
グーテンベルグ, J. G.　168
国地方係争処理　85
クリントン政権　11
グローバリゼーション　11, 98
グローバル・スタンダード　7, 9
軍事革命　114
経済財政諮問会議　42, 51
経済的規制　37, 43, 47
経路依存性　158
ケインズ主義　53, 58
検閲　171
原基的動員体制　199
権限・財源委譲論　26
広域行政　86
広域連合　83, 87
公共経済学　70

公共政策　53, 58, 70
公共的市民　24-5
工場法　57
構成員　198
高度情報化社会　27, 181-3
公務員倫理法　16
高齢化　52, 58, 60-4, 179
国際交流　iii, 98
国際交流基金　139
国際通貨基金→IMF
国際レジーム　133
国際連合　124
国際労働機関（ILO）　124
国民福祉税　13
国連分担金　100
55年体制　5, 21
護送船団方式　6, 152
国家・社会ネットワーク型のシステム　7
国会活性化法　15
国家総動員体制　46
国境なき医師団　136
コミュニティ　155-6
コロンブス　126
混合行為主体システム　125
コンストラクティヴィズム　98, 118-9

サ　行

差異（異質化）の原則　195
サイバー資本主義　28
サードセクター　67
参加　68
3割自治　39
視覚メディア　170
自己決定　55
市場　52
市場化　2, 53, 58, 60, 69-70, 74
市場原理（競争原理）　53
市場の失敗　57, 60, 64, 70
事前審査　13
自治・分権型　24

自治事務　44, 88-9	情報統制　170
自治体無能論　25	情報メディア　165-6
シビル・ミニマム　27-8	情報リテラシー　168
事務次官等会議　34	初期動員　199
社会経済史的なアプローチ　193	ジョンソン, C.　20
社会参加　68-9, 71	地雷禁止国際キャンペーン　136
社会的規制　37, 43, 47, 56	新自由主義　53, 60, 69
社会的亀裂モデル　147-8, 162	新中間大衆　156
社会的国家　28	新保守主義　41, 149, 153-4, 162
社会福祉関係8法　87	新保守大連合　16
社会福祉構造改革　53, 55	スプラトリー諸島（南沙諸島）　109
社会保険制度　57	西欧同盟（WEU）　112
社会保障・福祉政策　52-3, 58-64, 70-1	政界再編　2, 146-7, 158, 164
社会保障構造改革　53, 55	生活保障政策　57
社会保障制度　52, 56-8, 61-2, 64	政策評価　46
社会保障論　70	政策法務　90
ジャパナイズ　189	政治改革　3, 15, 18
ジャパン・バッシング　105	政治経済学　70
19世紀型社会科学　192	政治参加　68-9, 71, 180
19世紀パラダイム　192	政治的社会化　148
周辺事態　113	政治文化　162
住民参加型在宅福祉サービス　66	成熟社会　28
住民投票　2, 91	政党帰属　147
シュガート, M.　161	政党帰属モデル　148
首都圏サミット　87	政党国家　21
首都建設委員会　86	政党再編　144-7, 150-1, 153, 157-9, 164
首都圏整備委員会　86	政党支持　146, 148-50
準拠集団　148	政党システム　146, 159, 162
準市場　70	政府委員　35, 42, 47
少子高齢化社会　22	政府開発援助→ODA
小選挙区比例代表並立制　145	セイフティネット　9, 22, 28, 70, 154
情報化　98	政務審議官　35
情報革命（IT革命）　7	世界銀行　124
情報化社会　7, 9, 165	世界貿易機関→WTO
情報環境　165, 167, 177	世界保健機関（WHO）　124
情報基盤整備　177-80	石油危機　4, 101
情報公開　144, 175-7, 182, 184, 187	全員協議会　94
情報公開法　14, 176, 187	全欧安保協力機構（OSCE）　112
情報セキュリティ　177	尖閣列島　109
情報操作　167, 175, 180-1, 183	1992年領海法（中国）　109, 116

選挙制度改革　13
先進国サミット　124
センセーショナリズム　170
戦争合理化　195
戦争国家論　199
戦略的よい子　203
相互依存論　98, 117
相互扶助組織　57
総定員法　39-40
総動員体制　199
総理府（の）外局　34, 86
総量規制　39-41, 44
族議員　13, 36
措置から契約へ　55

　　　　　タ　行

第一臨調　34
第三セクター　40
第三の改革　44, 75
第三の道　27
大衆ジャーナリズム　170-1
大状況　198
台湾　109, 118
台湾海峡　116
ダウンズ, A.　163
タゲペラ, R.　161
脱物質主義　144, 155-7
脱編成　146, 158, 164
縦割行政　20
ダール, R.　26
団体委任事務　88
地域情報化　180
小さな政府　53, 153, 155
チベット　109
地方自治の本旨　76
地方制度調査会　81, 83, 86-7
地方分権　2, 80
地方分権一括法　75, 85, 88-9
地方分権化　12, 17, 25, 28
地方分権（化）推進法　13, 83
地方分権推進委員会　80-1

地方分権特例制度　81
地方六団体　77, 81, 83
中央分権化　26
中国　106, 116, 118
中選挙区制　145
調査報道　175
朝鮮　116
朝鮮戦争　112
朝鮮半島エネルギー開発機構（KEDO）
　　112
朝鮮民主主義人民共和国（北朝鮮）
　　111
通貨・金融危機　3
鉄の三角形（鉄のトライアングル）　5,
　　19, 102
デモクラティック・ピース論　98, 118
田英夫　173
動員　144
動員空間　202
動員史観　144, 191-2
動員史観の三層構造　198
動員組織　198
道州制　25, 82-3
統治の技法論　198
東南アジア諸国連合（ASEAN）　131
特殊法人　40, 86
独立行政法人　45, 48
独立行政法人制（エージェンシー制）
　　17
都市型社会　6
土地本位制　8

　　　　　ナ　行

内閣制度改革　12
内閣府構想　34-5
ナショナリズム　153, 156
ナショナル・ミニマム　27-8
ナショナル化　98
七都県市首脳会議　87
難民　123
ニクソン・ショック　115

西インド会社　127
21世紀型社会科学　205
二層制　82
ニーチェ的ラッヒェン　200
「日米安保共同宣言－21世紀に向けての同盟」　105
日米安保条約　122
日米経済摩擦　137
日米構造協議　41
日米同盟　98, 102-3, 113, 119
日米防衛協力のための指針（ガイドライン）　105, 122
日本異質論　102
日本型システム　5, 7-8
日本型成熟社会　27-8
日本株式会社　102
日本脅威論　103
日本の奇跡　4
ネットワーク・モデル　150
ネットワークメディア　144, 180

　　　　　ハ　行

パイロット自治体　81-2
パキスタン　118
パグウォッシュ会議　136
橋本・小渕行政改革　15
橋本内閣　10
橋本六大改革　41
ハースト, W. R.　170
派生的動員体制　199
パブリック・コメント　43, 45, 47-8, 92
バブル崩壊　12
パレスチナ解放機構（PLO）　135
万国郵便連合（UPU）　124
ハンチントン, S.　115, 132
反ユダヤ主義　138
非営利組織→NPO
美学的跳躍　200-5
『東アジア戦略報告』（「ナイ・レポート」）　104

東インド会社　127
ピサロ　127
非政府組織→NGO
被選挙権　18
必置規制　39
ピューリツァー, J.　169
開かれた地域主義　10
フィリピン　114, 118
フィンランド化　115
福祉国家　52-74
福祉社会　52-74
福祉多元化・ミックス　55, 59
副大臣　35, 37, 47
腐敗防止法制定　18
プライバシー　177, 187
プラザ合意　9
フルブライト・プログラム　142
プレス・オンブズマン　183-4
プロパガンダ　167, 171
文化交流　123, 139
分権化　3, 25-6
『文明の衝突』　132
平成不況　8
ペイン, T.　169
包括的核実験禁止条約（CTBT）　103-4
放送メディア　174
法定受託事務　44, 48, 88-9
報道被害　183
保革イデオロギー　149
保革次元　149
北欧システム　28
北米自由貿易協定（NAFTA）　117, 131
補助金行政　6
ホスト・ネーション・サポート　113
ポストモダン社会　207
細川政権　8
ポリース国家　198

索　引──215

マ 行

マクドナルド化　189
マスメディア　166, 172-3, 177, 181-2
マッキンリー, W.　170
マハティール首相　10
マンチェスター学派　118
宮沢内閣　13
ミャンマー　118
ミラヴォー　168
民営化　2
民間非営利組織→NPO
民際交流　98
村上泰亮　156
村山富市　13
メディア統制　171-2
メディアミックス　168, 170
もてない男　190
もてない女　190
モデル徳田　202

ヤ 行

有機体国家　198
ユダヤ人陰謀論　137-8
ユーロ　131
よい子　144, 199-200
与那国島　109
ヨーロッパ連合→EU

ラ 行

ライン・システム　28
リー・クアンユー　109
リヴィジョニズム　102
利益集団　150
利益誘導型政治　6
リージョナリズム　10
リージョナル化　98
理念型《藤原》　190
理念型《堀内》　189
リバタリアニズム　153
リプセット, S. M.　147
リベラリズム　153
リベラル　153, 162
利用者本位　54-5
臨時行政改革推進審議会　81
類似（同質化）の原則　195
ルター, M.　168
冷戦　124, 132, 164
恋愛亡命　205
労働者協同組合（ワーカーズコープ, ワーカーズコレクティブ）　67-9
労働者保護政策　57
ロッカン, S.　147

ワ 行

湾岸戦争　100, 106

執筆者略歴 (執筆順)

中野　実 (なかの・みのる)
1943 年生まれ．早稲田大学大学院政治学研究科博士課程修了 (政治学博士)．明治学院大学法学部教授 (比較政治学・日本政治・政策分析)．
主著：『現代日本の政策過程』(東京大学出版会，1992 年，Macmillan, 1997)
『宗教と政治』(新評論，1998 年) ほか．

毛　桂榮 (もう・けいえい)
1965 年生まれ．名古屋大学大学院修了 (法学博士)．明治学院大学法学部助教授 (行政学)．
主著：『日本の行政改革』(青木書店，1997 年)
「公務員制と政治体制―5 ヶ国人事行政機関の比較研究 (1, 2)」『明治学院論叢・法学研究』(66・67 号，1999 年) ほか．

西村万里子 (にしむら・まりこ)
慶應義塾大学大学院経済学研究科博士課程修了．明治学院大学法学部助教授 (公共政策論・社会保障論)．
主著：『医療保障と医療費』(共著，東京大学出版会，1996 年)
『先進諸国の社会保障 2　ニュージーランド，オーストラリア』(共著，東京大学出版会，1999 年) ほか．

鍛冶智也 (かじ・ともや)
1961 年生まれ．国際基督教大学大学院行政学研究科博士後期課程退学．明治学院大学法学部助教授 (行政学・地方自治論)．
主著：『大都市行政の改革と理念―その歴史的展開』(共著，日本評論社，1993 年)
『今，アメリカは』(共著，南雲堂，1995 年) ほか．

石井　修 (いしい・おさむ)
1936 年生まれ．ラトガース大学歴史学部博士課程修了 (Ph. D.)．明治学院大学法学部教授 (外交史・国際政治)．
主著：『世界恐慌と日本の「経済外交」―1930-1936 年』(勁草書房，1995 年)
『国際政治史としての 20 世紀』(有信堂高文社，2000 年) ほか．

畠山弘文 (はたけやま・ひろふみ)
1956 年生まれ．東北大学大学院法学研究科修了 (法学博士)．明治学院大学法学部教授 (政治社会学)．
主著：『官僚制支配の日常構造―《善意による支配》とはなにか』(三一書房，1989 年)
「絶対主義から援助交際まで―戦争という近代」『木野評論―特集・魅惑の戦争』(30 号，1999 年) ほか．

編者略歴

川上和久（かわかみ・かずひさ）
　1957年生まれ．東京大学大学院社会学研究科博士課程単位取得退学．明治学院大学法学部教授（政治心理学・コミュニケーション論）．
　主著：『情報操作のトリック』（講談社現代新書，1994年），『メディアの進化と権力』（NTT出版，1997年，大川出版賞受賞）ほか．

丸山直起（まるやま・なおき）
　1942年生まれ．一橋大学大学院法学研究科博士課程単位取得退学．明治学院大学法学部教授（国際政治学）．
　主著：『国際政治ハンドブック』（共編著，有信堂，1984年），『ポスト冷戦期の国際政治』（共編，有信堂，1993年）ほか．

平野　浩（ひらの・ひろし）
　1959年生まれ．学習院大学大学院政治学研究科博士後期課程修了（政治学博士）．明治学院大学法学部助教授（計量政治学・政治心理学）．
　主著：『政治心理学リニューアル』（共著，学文社，1994年），『選挙と投票行動の理論』（共著，東海大学出版会，1997年）ほか．

21世紀を読み解く政治学

2000年9月15日　第1刷発行
定価（本体1900円＋税）

編　者　　川　上　和　久
　　　　　丸　山　直　起
　　　　　平　野　　　浩
発行者　　栗　原　哲　也
発行所　　株式会社　日本経済評論社
〒101-0051　東京都千代田区神田神保町3-2
電話03-3230-1561　FAX 03-3265-2993
振替00130-3-157198

装丁・板谷成雄　　シナノ印刷・山本製本

落丁本・乱丁本はお取替えいたします　　Printed in Japan
© KAWAKAMI K., MARUYAMA N., HIRANO H. et al., 2000
ISBN4-8188-1299-4

R〈日本複写権センター委託出版物〉
本書の全部または一部を無断で複写複製（コピー）することは，著作権法上での例外を除き，禁じられています．本書からの複写を希望される場合は，日本複写権センター（03-3401-2382）にご連絡ください．

アクセス　国際関係論	天児・押村・河野編	2500円
グローバル時代の歴史社会論 近代を超えた国家と社会	M. オルブロウ著 会田彰・佐藤康行訳	4300円
イタリア共産党を変えた男 ピエトロ・イングラオ伝	P. イングラオ著 後房雄訳	2400円
現代ヨーロッパの社会民主主義 自己改革と政権党への道	D. サスーン 細井雅夫・富山栄子訳	2500円
サステナブル・デモクラシー	A. プシェヴォルスキ編 内山秀夫訳	2800円
政治的なるものの再興	C. ムフ著 千葉眞ほか訳	2800円
普遍主義対共同体主義	D. ラスマッセン著 菊池・山口・有賀訳	2900円
政治と政治学のあいだ	内山秀夫著	2800円
現代フランスの権力エリート	D. ビルンボーム著 田口富久治監訳	3500円
民主主義理論と社会主義	F. カニンガム著 中谷義和・重森臣広訳	6300円

表示価格は本体価格（税別）です